EL GOZO DE LA PRESENCIA DE DIOS

JAN JOHNSON

Un Sello de Editorial Caribe

Betania es un sello de *Editorial Caribe*,
una división de *Thomas Nelson, Inc.*

P.O. Box 141000
Nashville, TN 37214-1000, EE.UU
E-mail: caribe@editorialcaribe.com

Título del original en inglés:
Enjoying the Presence of God
© 1996 *Jan Johnson*
Publicado por *NavPress*
Fotografía de cubierta:
Russell Kord/H. Armstrong Roberts, Inc.
PhotoDisk

ISBN: 0-88113-487-2

Traductor: *David Palací, Jr.*

Impreso en EE.UU.
Printed in U.S.A.

Contenido

«Para muchos, experimentar la presencia de Dios nos resulta un trabajo dificil. Este libro nos muestra cómo descansar y gozar de la presencia de Dios en las actividades diarias de la vida».
Dra. Christine Aroney-Sine, especialista médica en salud internacional y escritora.

«Lo que necesitamos son simples, prácticas y claras sugerencias de cómo practicar la presencia de Dios. *El gozo de la presencia de Dios* nos muestra muchos posibles caminos a explorar al mirar a nuestro Pastor y andar con Él».
Pamela Reeve, profesora y consejera de Women's Ministries, *Multnomah Bible College & Biblical Seminary*. Es además conferenciante y escritora.

«¿Se cansó de acercarse a Dios mediante métodos orientados a la acción o la culpabilidad? *El gozo de la presencia de Dios* es una alternativa refrescante. Nos llena de estímulo y sabiduría práctica. Lo recomiendo mucho».
Dale Ryan, gerente principal, *Christian Recovery International*.

Dedicado al competente y poco nombrado periodista
Abbé Joseph de Beaufort,
quien entrevistó al Hermano Lawrence,
grabó sus conversaciones,
reunió sus cartas y transformó el material en un libro:
La práctica de la presencia de Dios

CAPÍTULO

1

Demasiado esfuerzo

Solía tener fascinantes devocionales. Me sentaba en la cama, sosteniendo mi cuaderno de oración como si fuera un precioso artículo. Con el índice buscaba «adoración» y elegía, de una lista de cuarenta palabras que describían a Dios, tres para alabarlo. Después hacía lo mismo con «confesión», otra vez recorría una lista de unas cuarenta palabras que describían faltas, sobre todo las que subrayaba en rojo: pereza y mal humor. Desde allí buscaba «agradecimiento», donde leía otra lista de una veintena de cosas que sentía que debía agradecer, incluyendo amigos, parientes, libros y, para sentirme bien espiritual, Dios mismo.

Una nota al pie de página me desafiaba: Dale gracias a Dios por algo que nunca antes agradeciste.

Al final, estaba lo bastante entusiasmada para llegar a la meta, una lista de peticiones que guardé durante diez años: ex estudiantes, control de mi peso, amigos misioneros. Me llevaba un buen rato abarcar esta parte del cuaderno, pero al terminar sentía la seguridad de que había hecho todo el recorrido con Dios.

Mis devocionales en esos días eran minuciosos y completos, compactos y estructurados. Podría esperar esto de mí (líder de estudios bíblicos, capaz contralto del coro de la iglesia, experta consejera de los que se sienten enemistados con la vida), incluso en mi relación con Dios.

A pesar de la imagen de chica prodigio espiritual, estaba derrumbaba y furiosa por dentro. Me ahogaba la rutina de una mamá ama de casa, la imposibilidad de trabajar en la iglesia, el dolor seco de un matrimonio que se esfuma. Recuerdo el día que mi devocional murió. Después de reunir todos mis apuntes devocionales, me sumergí en un terrible vacío. Necesitaba a Dios más que nunca, pero mis oraciones reglamentadas eran débiles medios para contener mi angustia. Arrojando mi cuaderno de oración de una punta de la habitación a la otra, me pregunté: *¿Cómo sobreviviré sin que alguien me ame? ¿Cómo me relacionaría con Dios de manera que sin importar lo que sucediera siempre podría tener la seguridad interna de que Dios me ama y da el mismo valor? ¿Qué reemplazarían estas listas estériles a fin de adentrarme en un Dios que satisfaga mis necesidades?*

Recuerdo el día que mi devocional murió. Después de reunir todos mis apuntes devocionales, me sumergí en un terrible vacío. Necesitaba a Dios más que nunca, pero mis oraciones reglamentadas eran débiles medios para contener mi angustia.

Al caer lo que apuntalaba mi ego, posición y seguridad matrimonial, reemplacé mi antiguo devocional por la lectura de la revista *Glamour*. Me refugié en la comida y merendaba todo el día. Aterrada de que mi secreta compulsión por la comida me dominara, me deslicé en un cuarto de otros «perdedores» como yo, un grupo de apoyo para comedores compulsivos. Cuando decía que me sentía bien, reían diciendo: «¡Claro! Pero, ¿cómo estás en realidad?» Mi careta de cristiana, que no sabía que tenía, se resquebrajó.

Durante años, estas reuniones me enseñaron a admitir la verdad: que demandaba perfección de mí y todos los que me rodeaban. Comprendí que me había comportado como una farisea, «una que quiere tener la mejor fórmula, hacer y precisar bien las cosas, y sentirse de maravillas».[1]

Sin embargo, me resultó difícil abandonar la idea de impresionar a Dios y comenzar a mostrarle mi verdadero yo. Al final, divagando por los Salmos, encontré consuelo en sus valientes y sinceras palabras:

> Estoy hundido en cieno profundo,
> donde no puedo hacer pie;
> He venido a abismos de aguas,
> y la corriente me ha anegado.
> Cansado estoy de llamar;
> mi garganta se ha enronquecido;
> Han desfallecido mis ojos
> esperando a Dios. (Salmo 69.2-3)

Si fuera tan sincera como el salmista, tendría que reconocer que estaba enojada con Dios: ¿Por qué no arregló y puso mi vida en orden como yo quería? ¿Podría confesarle a Dios que sentía que lo había desilusionado y que Él me había desilusionado a mí? En un momento de terror lo hice y el cielo no se vino abajo.

Todavía me sentía derrumbada, pero de alguna manera esperanzada. Parecía que Dios exprimía toda la autosuficiencia de mi ser y me pedía que lo buscara en dondequiera que me llevara. No iba a arreglar mi vida súbitamente, pero moldearía mi carácter. En ese momento no lo veía, pero Dios me mostraba que no quería que fuese una emprendedora dinámica, sino que me convirtiera «en pan roto y vino derramado en las manos de Jesucristo».[2]

Empecé un viaje que parecía que me llevaría la vida entera: sentirme una muy amada hija de Dios en vez de querer ser maravillosa; aceptar mi incapacidad de controlar a las personas y las circunstancias y entregárselas a Dios. Cambié de función: decidí ser el derrotado hijo pródigo que «se dio cuenta quién era», en vez del laborioso hermano mayor en busca de recompensa. Decidí regresar al hogar y al Padre que me ama sin importar mi condición... aun cuando fallo.

Pero en este nuevo papel de «ser» en vez de «hacer», ¿cómo relacionarme con Dios de una manera que no fuese tan cargada, ordenada y perfecta? No con mis antiguos métodos devocionales (ya no podría recorrer la lista de peticiones en mi cuaderno). ¿No habría un método más simple de orar que no fuese tan estructurado que me permitiera expresar las contradicciones del corazón? Necesitaba un devocional fresco y nuevo. No podía simplemente cambiar un método por otro.

Recuerdo que leí un pequeño libro que mencionaba las ideas del Hermano Lawrence: *La práctica de la presencia de Dios.* Parecía interesante y divertido comparado a mis olímpicos devocionales. Era tan sencillo que nunca podría elevar a una rutina que enalteciera mi ego.

Cuando probé mantener conversaciones con Dios sin palabras pretenciosas sino más bien en un lenguaje común, mi aventura comenzó. Dios no me miraba desde su estrado del Tribunal Supremo, ni estaba atento a si mencionaba cada punto de la lista de peticiones. Se sentaba conmigo en el columpio de mi jardín, ansioso de escucharme, esperándome, dándome indicaciones.

Al principio me quedaba perpleja. Luego recordaba: esto no es un método sino una relación. Al leer más de los devocionales clásicos (libros que han permanecido a pesar del paso de los años), comprendí que someterme y forzarme a los «debería» y «tendría» perjudicaba mi atención en Dios en vez de ayudarme a alcanzarlo. Debía tener paciencia. Mi deseo por Dios no fluiría fácil, sincero, ni espontáneamente para el próximo martes. De día en día, sin embargo, desarrollaría una «amistad familiar con Jesucristo»,[3] a quien podía confiarle mis fallos secretos, temores profundos y sueños ocultos.

Este tipo de acercamiento más agradable y amable no tenía nada de ordinario, y el Hermano Lawrence lo ejemplificaría con su condición de un no héroe.[4] Esta persona común (su nombre era Nicholas Herman) era un hermano laico de la orden de los Carmelitas descalzos en París en el año 1666. De origen humilde y sin educación, había sido soldado y sirviente. No era un erudito; los debates doctrinales le aburrían. Trabajaba en el monasterio y se autotitulaba «siervo de los siervos de Dios». Un bamboleante excedido de peso y «torpe, que lo rompía todo»,[5] adoraba más en la cocina que en la catedral. Escribió:

> Para mí, el tiempo de trabajar no es diferente del tiempo de orar, y en el ruido y bullicio de la cocina, mientras varias personas hablan a la vez de distintas cosas, yo poseo a Dios con tanta tranquilidad como si estuviera de rodillas.[6]

En realidad, solo necesitaba una cosa: Dios. No necesitaba un gran momento devocional, sino toda una vida centrada en Dios.

Podía imaginarme la salsa hirviendo a fuego lento y al Hermano Lawrence tropezando con el gato del monasterio, pero al mismo tiempo gozando de la compañía de Dios. Ese era el paso hacia Dios que yo añoraba transitar.

Había complicado mi vida espiritual con mi cuaderno y mis listas, inventando mi propia versión de lo que era «espiritualmente correcto». En realidad, solo necesitaba una cosa: Dios. No necesitaba un gran momento devocional, sino toda una vida centrada en Dios. Comprendí que mi responsabilidad como cristiana era buscar la compañía de Dios, y no la madurez espiritual.

El gozo de la presencia de Dios me ofrecía un más tranquilo y más divertido camino a Él sin tener que estar tratando de justificarme. Me sumergía en una oración auténtica, «en la que podemos ser nosotros completamente»,[7] en la que Dios permite fallas, regalos y risas. Había pasado años buscando ser muy espiritual, muy avanzada, muy maravillosa. Vi en el Hermano Lawrence que podemos esforzarnos en seguir a Dios en formas que no parecen muy espirituales: «Él había pasado el tiempo que estaba separado para orar rechazando pensamientos vagabundos para solo volver a tenerlos»; «nunca pudo regular sus devocionales con ciertos métodos como algunos lo hacen».[8]

❧

Por muchos años ya me he presentado ante Dios sin prometerle alcanzar ciertas metas, solo practicar y disfrutar este gentil patrón. Sigo preguntando esto y tomando esta decisión:

> ¿Puedo motivarme a pensar en Dios cada pocos segundos para que Dios siempre este presente en mi mente, para que siempre sea uno de los elementos en cada concepto y precepto? Decido hacer del resto de mi vida un experimento para contestar esta pregunta.[9]

Este libro es un pequeño intento de grabar los experimentos de cristianos que se han mantenido en compañía con Dios. Le invito a que busque a Dios y goce de su presencia, pero no quiero prescribir un método. Quiero presentarle muchas maneras de disfrutar la presencia de Dios para que escoja la suya; especialmente la manera en que Dios está ahora cultivando en su vida.

TEMAS DE REFLEXIÓN
EXPERIMENTOS PARA CONSIDERAR

¿En qué manera se esfuerza por mejorar sus relaciones con Dios? Si «esfuerzo» no describe lo que hace, ¿que palabra lo describe? ¿Por qué?

¿Cómo se siente al tener su «momento devocional»? ¿Cómo han resultado sus momentos a solas?

CAPÍTULO

2

La presencia de Dios en práctica

Alicia esfuerza la vista encaramada en un banquillo para observar el tablero de circuitos que está frente a ella. Con delicada pericia introduce un alambre más pequeño que un suspiro por orificios que nadie más podría ver. A veces, el trabajo en esta compañía de electrónica parecería aburrirla, pero sentir la compañía de Dios en medio de su quehacer permite que todo sea más interesante.

En la milésima de segundo que le lleva mirar las tablas y duplicar la imagen que esta le indica llevándolo al tablero de circuitos, Alicia observa a su hermana que trabaja al lado. Su hermana está sufriendo debido a la deteriorada relación con su esposo. *Muéstrame si puedo ayudar,* ora Alicia. Con la cabeza asiente, aliviada de saber que al menos puede orar por su hermana.

Al comenzar otra tarea, Alicia le pregunta a Dios: *¿De qué debemos hablar mientras trabajo?* Sus ojos se pasean por el salón hasta que en otro escritorio ve un calendario con estas palabras impresas: «Ora por la cosecha, porque los obreros son pocos». Insegura de quiénes son esos obreros, Alicia medita en las profundidades de ese texto por el resto de la tarde mientras trabaja para ganar un salario con el que comprará gasolina para el automóvil familiar y calzado para los hijos.

Al próximo día, cuando Alicia entra al lavabo de su trabajo, observa a una nueva miembro del personal junto con un grupo de mujeres que siempre se burlan de su acento. Alicia se siente mal al pensar que esta nueva mujer cayó entre una compañía tan insensible. Entonces Alicia percibe que la mujer está entregando a las otras unos panfletos. ¡La mujer está hablando de Dios con ellas!

> *La percepción de la presencia de Dios puede fluir a través de nuestro día de la misma manera que la sangre circula por nuestro cuerpo, reponiendo nutrientes y oxígeno.*

Alicia se inclina frente al lavamanos y se salpica el rostro con agua: «Dios», dice sonriendo, «supongo que esta mujer es el obrero por quien he estado orando».

La percepción de la presencia de Dios puede fluir a través de nuestro día de la misma manera que la sangre circula por nuestro cuerpo, reponiendo nutrientes y oxígeno. Le damos la atención a Dios, conscientes de que Él puede estar hablándonos. Su presencia comienza a permear nuestras vidas por medio de pensamientos, sentimientos, sueños y actividades.

Practicar la presencia de Dios lleva su compañerismo más allá de los cultos en la iglesia, la acción de gracias antes de comer y los momentos de devoción a infiltrarse en las ocasiones ordinarias de la vida. Al mantenernos en compañía de Dios las tareas como la construcción de un tablero de circuitos se transforman en actos de adoración porque sabemos quién es ante cuyos pies nos sentamos por el resto de la vida.

NOS RECUERDA QUIÉNES SOMOS

Desde la perspectiva de Dios, gozar de su presencia es perfectamente natural, no pesado ni difícil. Dios nos creó por amor y nos imprimió su imagen. Eligió para sí un papel paternal, y desea nuestra compañía como lo ilustra sus paseos en el fresco del día con Adán y Eva en la joven creación. Dios se deleita en nosotros y quiere que nos conectemos con quien Él es:

> Mas alábese en esto el que se hubiese de alabar: en entenderme y conocerme, que yo soy Jehová, que hago misericordia, juicio y justicia en la tierra; porque estas cosas quiero, dice Jehová (Jeremías 9.24).

Orar no es una actuación, sino «subir al corazón de Dios»,[1] como dijo Martín Lutero. Disfrutar la presencia de Dios nos sitúa enteramente en el regazo de Dios, donde Él se deleita con nosotros:

> Jehová está en medio de ti ... Se gozará sobre ti con alegría, callará de amor, se regocijará sobre ti con cánticos (Sofonías 3.17).

Esta percepción de la presencia de Dios es parte de la manera en que nos deleitamos en Dios, lo cual se nos ordena hacer: «Deléitate asimismo en Jehová, y Él te concederá las peticiones de tu corazón» (Salmo 37.4). Con frecuencia, nos aferramos a este versículo como una fórmula para recibir lo que queremos de Dios: Si uno se deleita en Dios, Él nos recompensa con las peticiones del corazón. No entendemos que la posibilidad de deleitarnos en Dios es lo que llena los deseos del corazón. El Hermano Lawrence lo dijo de esta manera: «Nuestro único deber era amar y deleitarnos en Dios».[2]

Este deleite nos conduce a la meta eterna, de acuerdo a Apocalipsis, de vivir eternamente en la plena presencia de Dios mediante la adoración. En el presente, nos conduce hacia la meta de «conocerle, y el poder de su resurrección» (Filipenses 3.10), porque «hemos conocido y creído en el amor que Dios tiene para con nosotros» (1 Juan 4.16). En la agitación del diario vivir, esa conversación de ida y vuelta con Dios puede despertarnos a las verdades de quiénes somos y para qué fuimos creados.

POR QUÉ VACILAMOS

Algunos preguntan si es posible practicar la presencia de Dios en todo momento. Tiene que ser posible de alguna forma, porque el apóstol Pablo nos exhortó a orar «en todo tiempo con toda oración y súplica en el Espíritu» (Efesios 6.18). En las Escrituras las palabras *siempre* (o *en todo tiempo*) y *oración* aparecen juntas muchas veces:

> Epafras ... *siempre rogando encarecidamente por vosotros en sus oraciones*, para que estéis firmes, perfectos y completos en todo lo que Dios quiere (Colosenses 4.12).
>
> Damos siempre gracias a Dios por todos vosotros, *haciendo memoria de vosotros en nuestras oraciones* (1 Tesalonicenses 1.2).
>
> Por nada estéis afanosos, sino sean conocidas vuestras peticiones delante de Dios en *toda oración y ruego*, con acción de gracias (Filipenses 4.6).

Pablo enfatizaba la continua naturaleza de sus oraciones diciendo que sus compañeros oraban día y noche por los Tesalonicenses (1 Tesalonicenses 3.10) La oración se convirtió en «la principal tarea de la vida».[3]

Pero ¿no es esto más de lo que jamás podremos alcanzar? «No estamos orando incesantemente con palabras, pero nuestro corazón siempre debe estar sintonizado en Dios, siempre escuchando su voz, siempre en disposición de hacer su santa voluntad»,[4] explicaba el padre jesuita del siglo dieciocho Jean Nicholas Grou. El autor cuáquero Douglas Steere añade: «Cuando un joven se enamora de una mujer, no piensa en su amada en cada instante si tiene cosas importantes que hacer. Pero su devoción por ella lo permea todo, y cuando halla un momento de pausa, sus pensamientos automáticamente se dirigen a su amada».[5]

Además, esto no es algo que hacemos nosotros, sino que Dios hace en nosotros. No es una cuestión de alcanzar la presencia de Dios, sino de rendirnos a la presencia de Dios que ya está en el cristiano. Más que un hábito, es fundamentalmente una forma de vida. De la manera que una bandera o estandarte flamea sobre un castillo en forma constante, la presencia de Dios vuela a nuestro derredor, a veces ruidosamente en el viento, otras veces descansando en quietud, pero siempre en un lugar notorio. Y no debe escapar a nuestra atención que estamos siendo entrenados para reconocerle.

¿Tenemos que ser del tipo sereno y místico para probar esto? No, la personalidad no es un factor. Alicia es divertida y traviesa, la más juguetona entre sus hermanas. Hasta los que se «quemaron» como yo pueden entrar en esta práctica. Nuestra desafiante persona nos motiva a susurrarle a Dios acerca de las personas y cosas que queremos dominar (sin poder hacerlo), y esos susurros son semillas que nos ayudan a comenzar a prestarle atención a un Dios que siempre está presente. Germinan en la medida que permitimos que la presencia de Dios satisfaga nuestra hambre interior.

> *Esto no es algo que hacemos nosotros, sino que Dios hace en nosotros. No es una cuestión de alcanzar la presencia de Dios, sino de rendirnos a la presencia de Dios que ya está en el cristiano*

Aunque la personalidad no es un factor, el carácter sí lo es. Es necesario tirar a un lado la idea de que la espiritualidad es algo que uno puede alcanzar. Los dones, las metas, los talentos, así como las faltas, los fracasos, y los problemas deben ser rendidos a Dios, que nos atesora a pesar de nuestras faltas y obra a través de estas. Sin embargo, sin esta entrega de la vida, uno quizás solo cambie el devocional basado en obras por una igualmente frenética conversación constante con Dios. Pero es necesario cambiar la acción por la entrega, y la autoexaltación debe convertirse en autonegación. El gozo de la presencia de Dios implica que dejemos de tratar de demostrarnos ante Dios y decidamos amarle y deleitarnos en Él para siempre.

Quizás esto suene muy centralizado en uno mismo, dirigido hacia el yo, lo mío, mi interior. Sin embargo, practicar conscientemente la presencia de Dios no nos arrastra a enfrascarnos en nosotros mismos, sino a concentrarnos en lo exterior. Nos da ojos para ver al mundo de una manera distinta, y olvidarnos del yo en cuanto a nuestro servicio. Descubrimos que Dios se glorifica más en nosotros cuando más satisfechos estamos en Él.[6]

Mantenernos en compañía de Dios es algo tan natural que muchas personas ya lo hacen sin darse cuenta. ¿Quién puede decir que sus pensamientos no han volado hacia Dios en una profunda contemplación mientras conduce el automóvil? ¿Quién no ha cavado la tierra en el jardín sin jamás sentir el gozo de estar conectado con la creación de Dios? Mucho en la vida interactúa con Dios, sin que lo reconozcamos. Somos como la Bella Durmiente, pero cuando el príncipe nos besó, no nos despertamos.

Quizás deleitarnos en la presencia de Dios nos suena muy sencillo, sin complicación, y le restamos importancia. Esto resulta especialmente real si hemos pasado mucho tiempo tratando de impresionar a Dios con una diligente actuación de cristiano. Pero «[a Dios] no le impresiona nuestra diligencia»,[7] escribió Oswald Chambers, y esto se hace evidente por la manera en que Jesús habló de orar con la sinceridad de un niño. Cuando los discípulos le pidieron a Jesús que les enseñara «a orar», no «cómo orar» (véase Lucas 11.1), nos dio un modelo, no una serie de instrucciones elaboradas. Nuestro gran experimento comienza de la misma manera. En vez de preocuparnos de cómo hacerlo correctamente, nos lanzamos y lo intentamos.

Pero estamos inquietos. ¿Qué hacemos? ¿Cuál es la agenda? Hacemos como los discípulos: le pedimos a Jesús que nos enseñe. Cuando encontramos contentamiento en pasar tiempo con Dios descansando en su presencia, una sensación de paz invade nuestro ser. No hay necesidad de impresionar a Dios con una larga lista de peticiones ni un cuaderno complicado de devocionales. Una espiritualidad basada en cierta metodología solo nos enseña a ir a Dios por el sendero de otro, en vez de desarrollar nuestra relación con Él. Tratar de seguir un método o lectura devocional de moda puede hacernos perder un genuino encuentro con Dios. Nos conviene más aceptar el desafío de Jean Nicholas Grau: «Ama a Dios, y siempre estarás hablando con Él»,[8] y entonces veremos los resultados.

FORMAS LIMITADAS DE PRACTICAR LA PRESENCIA DE DIOS

Pensar siempre en Dios

Pensar y razonar juegan un enorme papel en nuestro crecimiento espiritual, y la Biblia enfatiza la importancia de renovar nuestros pensamientos (Romanos 8.6; 12.2; 1 Corintios 2.16).

Pero es un error limitar el gozo que resulta de la presencia de Dios a la actividad mental solamente.

Nuestra cultura Occidental racional nos tiene convencidos de que lo espiritual es mayormente un esfuerzo intelectual. Se compara a Dios con una computadora gigante, y nosotros somos microprocesadores de la Gran Computadora Central. Debido a que muchos de nosotros laboramos en trabajos a base de información donde usamos la cabeza todo el día —analizando, ordenando y proyectando— tratamos, sin darnos cuenta, de llegar al cielo *pensando*. Constantemente buscamos nuevos datos. Estudiar acerca de Dios en clases periódicas desplaza la idea de estar con Dios momentos interminables.

Con esta mentalidad, el gozo de la presencia de Dios ocurre solamente cuando estamos pensando profundamente en la Iglesia o algún estudio bíblico. Parecería inusual, hasta cómico, considerar la presencia de Dios en los momentos de la vida que no son intelectuales, como soñar, comer, hacer deportes. Prestar atención a la presencia de Dios es más amplio y profundo que pensar en Dios en todo momento. Implica las actividades ordinarias de todo nuestro ser. Es sentir, percibir, oír y movernos de tal manera que regar las plantas, jugar voleibol y caminar en la playa toman un ritmo de oración.

Sentirnos bien con Dios

Cuando no estamos deseando una nueva o mejor percepción de Dios, anhelamos sentir el calor de la presencia de Dios y nos quejamos si esos «momentos mágicos» apenas ocurren. El gozo de la presencia de Dios incluye sensaciones, pero es mucho más que eso. Es vivir en la realidad de que «Dios está más cerca de nosotros que nosotros mismos».[9]

Algunos dudan de la constante presencia de Dios cuando no

lo sienten. La verdad es que Dios siempre está presente porque Cristo prometió que estaría con nosotros: «Yo estoy con vosotros todos los días» (Mateo 28.20). Dios está en todo lugar al mismo tiempo (Salmo 139.2-7). A medida que aprendemos a prestar atención a su presencia, nos daremos cuenta de Él con más asiduidad. Pero no es sabio preocuparnos por sentirnos bien, porque entonces el enfoque sería sobre nosotros mismos en vez de relajarnos y vivir conscientes de la presencia de Dios.

A veces algunos sentimientos intensos ocurren en nuestras conversaciones con Dios, pero las conversaciones bíblicas entre Dios y el hombre eran más aterradoras que emocionantes. Moisés tuvo que examinarse profundamente mientras estaba parado frente a la zarza ardiente; el encuentro de Jacob con Dios —una verdadera forcejeada— lo dejó cojeando. Las conversaciones de Dios con los personajes bíblicos parecían comunes. Dios y Abraham hablaron muchas veces del pacto establecido de la misma manera que dos amigos a menudo repasan los sucesos importantes.

Al considerar el gozo de la presencia de Dios, necesitamos evitar las trampas de la cultura cristiana occidental, que está habituada a conocer a Dios solamente a través de estos dos medios:

- información y hechos
- inspiración y sentimientos

Al invitar a Dios a vivir en *cada* aspecto de nosotros —voluntad, imaginación, intuición, cuerpo y sentido del humor— podemos deleitarnos en una mayor intimidad con Él. El místico ruso, Teofán el Recluso describe lo que ocurre en nuestro interior y la atmósfera que produce: «El orar es descender con la mente a nuestro corazón, y allí estar ante el Señor, omnipresente, omnividente».[10]

EXPERIMENTADOR

Si está interesado en continuar esta aventura, considérese un experimentador. Como investigador, usted no pretende impresionar a nadie ni alcanzar nada, sino explorar lo que significa deleitarse en la presencia de Dios. Muy poco se ha escrito sobre este asunto, así es que no hay una fórmula ni manuales exhaustivos. *Practicamos* la presencia de Dios: intentamos lograrlo, analizamos los errores y luego lo intentamos otra vez. Frank Laubach, misionero del principio del siglo veinte en las Filipinas, experimentó con la práctica de la presencia de Dios y reportó esta experiencia:

> Estaba en un tren de Pensilvania, orando detrás de la cabeza de una mujer con una fotografía del «Niño Cristo» de Hoffman en la mano, cuando de repente ella se dio vuelta y dijo:
>
> —Lo que el mundo necesita es más religión.
>
> —¿Es usted misionera? —le pregunté.
>
> —No —respondió—, mi esposo es el conductor.
>
> —Usted debe ser muy religiosa —le dije.
>
> —No —contestó—, soy metodista, pero no lo practico mucho.
>
> —Entonces, ¿por qué dijo que el mundo necesita más religión? —le pregunté.
>
> —No sé —fue su respuesta—. Sentí deseos de hablar de eso.
>
> Situaciones como esta le ocurren a diario a los que oramos por todos con quienes nos encontramos. No sucede si no están orando.[11]

Este experimento de mantenernos en la constante compañía de Dios no puede acelerarse porque Dios está obrando en nosotros, y a Dios no podemos apurarlo. Debemos dejar el deseo de actuar y entrar en la práctica de estar en su presencia, conociendo que la intimidad no resulta de forma instantánea. Nos estamos embarcando en un viaje de toda la vida, en que aceptamos que el Espíritu Santo nos invada el alma de tal forma que nuestros momentos con Dios rocíen nuestros días como maná en el desierto.

TEMAS DE REFLEXIÓN
EXPERIMENTOS PARA CONSIDERAR

Considere preguntarle a Dios si en alguna forma usted ya practica su presencia aun sin saberlo.

Piense en un lugar que habitualmente le aburre, y considere orar por alguien o algo cercano. Por ejemplo, al esperar en la consulta de un médico podemos orar por los doctores o por el personal médico, o por los pacientes que reciben malas noticias, o incluso por integridad en las investigaciones médicas.

Considere qué motivó a los discípulos a pedirle a Jesús que les enseñara a orar (Lucas 11.1). ¿Qué le motiva a usted?

CAPÍTULO

3

Pensar en usted se vuelve orar por usted

No había visto a Lynne en meses. Cinco años antes, se había divorciado de su esposo cuando este le reveló que era homosexual. Su ministerio en una gran iglesia se derrumbó, y la economía se les desmoronó. «Durante estos tres años», me dijo, «lo que más me ha enfurecido es que no me haya dado ni siquiera diez dólares para nuestras tres niñas. Así es que hice lo siguiente. Puse una de sus camisas sobre un asador en la playa y la quemé con un soplete. Quería celebrar el que lo hubiera perdonado un poquito».

¿Eso es perdonar? Pensé.

«Ya tengo un poco menos de ira», continuó. «Descubrí que el perdón no se produce todo de una vez. Quizás Jesús nos dijo que perdonáramos setenta veces siete porque a algunas personas tenemos que perdonarlas cada vez que pensamos en ellas. Cada vez que pienso en él, lo perdono un poco más. Ya le había perdonado una cierta cantidad y por eso estaba celebrando».

Las palabras de Lynne, «cada vez que pienso en él, lo perdono un poco más», marcaron en mí otro pequeño paso hacia habitar en la presencia de Dios: ofrecer una pequeña oración cada vez que pensaba en alguien. En vez de formarme opiniones de las personas («¡Qué odioso es!» o «¡Qué inteligente es aquella»), podía orar por ellas. Quizás el apóstol Pablo también practicaba orar por aquellos en quienes pensaba, como lo afirma al decir: «Doy gracias a mi Dios siempre que me acuerdo de vosotros» (Filipenses 1.3).

ORACIÓN SUSPIRO

Nuestra comunicación de ida y vuelta con Dios quizás nos lleve al probado sistema de «Oración suspiro» que consiste en repitir una oración familiar de nueve o diez sílabas y gran significado. Para los que hemos gastado mucha energía recitando largas listas de peticiones, este tipo de oración puede parecer infantil, pero no lo es. La oración suspiro es tan simple que resulta revolucionaria. En su libro, *A Testament of Devotion* [Un Testamento de devoción], el pastor y profesor cuáquero Thomas Kelly dice: «El proceso de la oración silente no se vuelve más complejo sino más simple ... Comenzamos con palabras simples, susurradas. Las formulamos espontáneamente, "Solamente tuyo. Solamente tuyo". O repitiendo un fragmento de algún salmo "Así clama por ti, oh Dios, el alma mía". Y lo repetimos para nuestros adentros, una y otra vez».[1]

> *Qué consuelo es desarrollar una relación con Dios en la que no tenemos que estarlo explicando todo. Podemos descansar en la confianza que Dios ya lo sabe y lo entiende.*

Cuando el personaje de Mary Lindsay en *The Scent of Water* [La fragancia del agua] reencuentra su camino hacia Dios, tropieza con estas oraciones suspiro: «En tus manos», «Señor, ten misericordia», y «Te adoro».[2] La primera, «En tus manos», nos ayuda rendir a Dios nuestros temores, nuestra angustia, nuestro afán de dominio:

- Tengo miedo de la cirugía que me espera: En tus manos
- No quiero que mi iglesia se divida: En tus manos
- Quiero que esta persona me quiera, pero no lo hace: En tus manos

Sí, es muy simple, pero qué consuelo es desarrollar una relación con Dios en la que no tenemos que estarlo explicando todo. Podemos descansar en la confianza que Dios ya lo sabe y lo entiende.

Necesitamos de esta simplicidad en una sociedad que atrae a las personas adornando palabras con gráficos y manipulándolas y convenciéndolas con palabrería. La oración suspiro nos muestra la belleza del método que Jesús recomendó cuando habló de ofrecer un simple sí o no en vez de un elaborado juramento (Mateo 5.33-37).

La oración suspiro no se parece en nada a las «repeticiones vanas» que Jesús describe como impresionantes declaraciones para que otros lo noten (Mateo 6.7). Son silenciosos gemidos del corazón que adquieren valor en la medida que los usamos. Al repetir estas oraciones, ellas se entretejen en nuestros pensamientos, e incluso pueden cambiar algunas de nuestras actitudes.

Quizás usted ya utiliza algunas oraciones suspiro, aunque no les dé ese nombre. He aquí algunas que pueden avivar nuestro entendimiento.

Inclina el corazón de esta persona hacia ti. Esta oración suspiro parafrasea las declaraciones bíblicas en cuanto al poder de Dios para cambiar actitudes y motivaciones (1 Reyes 8.58; Salmo 119.36; Lucas 1.17).Ya sea que estemos disgustados con un funcionario del gobierno o con una viejita caprichosa, esta oración suspiro nos mantiene enfocados en la voluntad de Dios en cuanto a esa persona. A veces agrego: *Inclina mi corazón hacia esa persona,* para desalojar de mi ser los bien investigados prejuicios y opiniones acerca del comportamiento de tal persona. Estas oraciones pueden disminuir la importancia que nos damos con nuestra actitud y permitir que Dios coloque en nuestro corazón una actitud de amor hacia ellos.

¿Necesito cambiar? Las circunstancias o las personas que nos molestan nos pueden conducir a fijarnos en las faltas de nuestro carácter (1 Corintios 11.28; 2 Corintios 13.5). Al preguntarnos si necesitamos cambiar relegamos las cosas a un segundo plano hasta que Dios nos diga claro si tenemos que cambiar o poner en su lugar lo que nos produce malestar.

Enséñame a través de este comportamiento negativo. En vez de insistir en los defectos de la gente que nos molesta, la oración suspiro nos ayuda a reenfocar en el deseo de Dios de transformarnos. Podemos preguntarnos: *¿Qué me enseña el ejemplo negativo de esta persona? ¿Que advertencia presenta su comportamiento?* Al usar esta oración suspiro regularmente nos libra de autojustificarnos —la plaga de los que buscan a Dios— y nos devuelve a la realidad de que somos aprendices con faltas.

Gracias por esta persona. Las personas que han influenciado en nuestras vidas surgen en nuestros pensamientos muchas veces, y una sonrisa de agradecimiento puede ser una oración suspiro placentera.

Pueden surgir oraciones suspiro espontáneas de nuestros estudios de las Escrituras. Durante varios meses medité en Mateo 5.17-48, en busca de lo que implica ser manso de corazón. Esa frase «manso de corazón», se convirtió en una oración suspiro. De esta manera, las oraciones suspiro se convierten en instrumentos valiosos para que la Palabra de Dios reverbere en nuestros corazones.

No se asuste de las oraciones suspiro divertidas que algunos llaman chistes entre Dios y uno. Cuando Dios parece ir más allá de lo que se esperaba de Él y rescata a una de mis amistades de una segura bancarrota o ayuda a que un adicto deje su adicción, le digo jocosamente: «¡Ahora sí creo!» Esto es porque he meditado en el pasaje en el cual el padre del muchacho endemoniado exclamó: «Creo; ayuda mi incredulidad» (Marcos 9.24). Como aquel padre, creo, pero no lo suficiente, y Dios sigue fortaleciendo mi fe. Es un gozo decírselo a Dios cuando creemos un poco más.

La Biblia se presta a lo que es más una letanía que una oración suspiro. Una letanía es una oración más larga que nos aprendemos y que tiene calidad de cántico. En un reciente viaje de negocios, concerté demasiadas citas para el poco tiempo que tenía, lo que no me conduciría a deleitarme en la presencia de Dios como venía acostumbrada. Para mantener todas mis citas el avión debía arribar a tiempo, alquilar un automóvil pronto, cruzar la ciudad en pocos minutos, para luego llegar a otra reunión unos minutos más tarde. Me había preocupado esto durante varios días, pero cuando aterrizó el avión finalmente comencé a descansar en Isaías 26.3: «Tú guardarás en completa paz a aquel cuyo pensamiento en ti persevera; porque en ti ha confiado». Mientras trataba de leer la diminuta letra del mapa de las calles, reconocí la presencia de Dios con esta oración suspiro: «Tú me guardarás, y guardarás y guardarás».

CUANDO NO SABEMOS QUÉ ORAR

A medida que aprendemos a poner a las personas en las manos de Dios cada vez que pensamos en ellas, algunas nos confunden o abruman. No sabemos qué hacer. Por ejemplo, la primera vez que traté de orar por un extraño de la misma manera que Frank Laubach oró por la mujer en el tren, no se me ocurría qué decir. La solución es pedirle a Dios que nos indique qué orar. Entre tanto, podemos tomar prestadas frases de oraciones bíblicas. Las siguientes pueden ser un comienzo:

- Ayuda a esta persona a que conozca a Cristo y el poder de su resurrección (Filipenses 3.10).
- Ayuda a esta persona para que viva una vida digna de ti (Colosenses 1.10).
- Fortalece a esta persona con tu poder para que pueda soportar y para que sea paciente (Colosenses 1.11).
- Ayuda a que el amor de esta persona abunde más en conocimiento y profundidad (Filipenses 1.9).

Nuestra creciente intimidad con Dios puede suprimir los monólogos negativos, las protestas, los pensamientos destructivos, las críticas: *¡Míralo, esta usando pantalones de poliéster!* El conversar con Dios se convierte en parte del ritmo de nuestra vida, el trasfondo de toda actividad, para que nuestro corazón se convierta en una capilla personal. El pensamiento *no soporto más este sermón* se convierte en la oración *Señor, toca estas vidas.* Pensar en alguien puede convertirse en un hecho santo.

El conversar con Dios se convierte en parte del ritmo de nuestra vida, el trasfondo de toda actividad, para que nuestro corazón se convierta en una capilla personal. El pensamiento no soporto más este sermón *se convierte en la oración* Señor, toca estas vidas. *Pensar en alguien puede convertirse en un hecho santo.*

Por ejemplo, me molestaba cada vez que veía el tablero de baloncesto en el patio de casa. El hijo de mi amigo se había colgado del aro del tablero de tal forma que lo había roto. Al hacerlo se río y le dijo a mi hijo: «Parece que este aro no es del tipo que tiene resortes».

Sentí ira hacia ese muchacho. No jugábamos mucho al baloncesto, pero cuando lo hacíamos lo disfrutábamos. No había encontrado el tiempo para arreglar el tablero y, cada vez que lo miraba, me sentía molesta con el muchacho. Le guardaba rencor y sabía que debía entregar a Dios ese sentimiento, ¿pero cómo? Ummm. ¿Podría el tablero recordarme que orara por ese muchacho de la misma manera que resultaba un recordatorio de mi rencor hacia él? Mientras dilucidaba este razonamiento, ese muchacho comenzó a asistir a un centro de rehabilitación para drogadictos. Mi simpatía hacia él crecía cada vez que miraba el tablero y oraba por él.

RESPUESTAS AUTOMÁTICAS

Los que han transitado este camino más que yo me aseguran que el estar conscientes de la presencia de Dios gradualmente se convierte en algo automático. El apóstol Pablo parecía entrar y salir de sus oraciones de tal forma que sus epístolas son una «atractiva de enseñanzas, oraciones y motivos de agradecimiento».[3] Sin previo aviso Pablo comienza a orar: «Por lo cual pido que no os desmayéis a causa de mis tribulaciones por vosotros, las cuales son vuestra gloria. Por esta razón doblo mis rodillas ante el Padre ... para que os dé, conforme a las riquezas de su gloria, el ser fortalecidos» (Efesios 3.13-16).

Al pensar en alguien podemos inclinar nuestro corazón a Dios. Aquí tiene algunos ejemplos:

- Escribir al final de una carta las palabras «gracia y paz le sea dada» nos recuerda orar que el que recibe una carta reciba gracia y paz. Al cerrar con las palabras «Su amiga» puede orar que realmente pueda llegar a ser amiga de esa persona.
- Participar de una conversación acerca de los fracasos del sistema escolar impone orar por ese miembro de la junta escolar local que te enfurece, o los maestros que usted conoce.
- La fotografía de alguien puede recordarle orar por tal persona, incluyendo fotografías anónimas como las de los niños desaparecidos que llegan a nuestras manos.
- Ver a alguien que le recuerda a otra persona se convierte en una ocasión para orar por la persona que le vino a la mente.
- Escribir un cheque para la compañía de gas o para la profesora de música se convierte en un recordatorio para orar por la persona que recibirá ese cheque.

Al acostumbrarnos a compartir nuestras vidas con Dios en esta forma, Dios se hace patente hasta en los momentos más insignificantes. Martín Lutero sabía esto, porque escribió: «El suspiro de un verdadero cristiano es orar».[4] Quizás un suspiro es la oración suspiro más corta que existe.

TEMAS DE REFLEXIÓN
EXPERIMENTOS PARA CONSIDERAR

Considere preguntarle a Dios que le muestre cuáles oraciones suspiro ya está usando. ¿Cuáles textos favoritos puede convertir en oraciones suspiro?

¿Qué hechos o personas han estado en su pensamiento sin que jamás haya orado por ellos (reuniones de comités, compañeros de trabajo, oficiales del gobierno o escuela)?

CAPÍTULO

4

Hablar con usted significa orar por usted

Le dije al pastor que repartiría tratados de puerta en puerta, pero al hacerme entrega de esos panfletos pensé: *Lo que quisiera es irme a la casa y meterme en la cama a leer un buen libro.* Toda mi introversión y timidez comenzaron a surgir. Pero debido a que ya había prometido repartir el material, no tuve otro remedio que salir hacia la primera casa.

Cuando salió a recibirme una joven madre con un bebé cargado en la cadera, inconscientemente oré por ella. Ver el cansancio de la madre fue lo que me motivó a orar, seguramente porque me sentí igual cuando mis hijos eran pequeños.

Le mostré el tratado con los horarios de las reuniones de nuestra iglesia. *Dale paciencia Señor. Este pequeñuelo aún utiliza pañales*, oré. Cuando le alcancé el bolígrafo de regalo, que era de un brillante color anaranjado con el nombre de la iglesia, sonrió. *Que sonrisa más resplandeciente. Debo demostrarle sinceridad.* Al dejar esa casa, pude ver que aún cuando mi tarea oficial era repartir tratados y bolígrafos, mi verdadero trabajo era llevar la presencia de Dios a cada persona con quien me encontrase.

Disfrutaba tanto el nuevo papel de «oradora» que me detenía en hogares abandonados después del terremoto de Northridge y oraba por los que habían vivido en esa casa. *Vivir con otros familiares puede ser maravilloso pero a su vez difícil, Señor. Ayúdalos a llevarse bien.* Esta tarea de ir puerta por puerta, que comenzó como una tarea pesada, se convirtió en una alegre e interesante misión intercesora.

Al convertirse Dios en compañero de la vida, me pareció normal invitarlo a participar en mis conversaciones con otros. Frank Laubach describe esta experiencia como «una continua y silente conversación con Dios de corazón a corazón, mientras miramos a otros ojos y escuchamos otras voces».[1] Podrá parecerle que esto es una confusa doble conversación, pero no lo es. Estar conscientes de la presencia de Dios nos ayuda a enfocar a la otra persona de tal manera que resulta casi imposible no orar por ella. No presentamos largas y detalladas oraciones, sino que «presentamos» ante Dios a la persona. No es tanto un proceso intelectual como un enfoque del corazón. Es un sentir intenso en las entrañas que envuelve a la otra persona en el amor de Dios. De pronto se convierte en algo automático, «convirtiendo cada mirada a otra persona en una suave compulsión a orar por ella».[2]

Estar conscientes de la presencia de Dios nos ayuda a enfocar a la otra persona de tal manera que resulta casi imposible no orar por ella.

MUÉSTRAME EL CORAZÓN DE ESTA PERSONA

Jesús sabía cómo responder a las personas para satisfacer sus necesidades más profundas. A los arrepentidos les mostraba misericordia; a los santurrones les hablaba sin ambages. Su secreto era que podía leer el corazón de las personas (Lucas 5.22), lo que nos anima a orar durante nuestras conversaciones: *Muéstrame el corazón de esta persona.*

Al manifestarse los motivos y los sentimientos de las personas, pudiera ser que viéramos que Dios está obrando en ellos de maneras sorprendentes. Si tomamos con seriedad aquello de considerarnos unos a otros para estimularnos al amor y a las buenas obras (Hebreos 10.24), le preguntaremos a Dios: ¿Cómo puedo estar presente para ellos? ¿Hay algo que yo tenga que ellos necesitan? ¿Cómo puedo cooperar contigo, Señor, en ayudarles a que busquen el propósito que tienes con sus vidas?

Cuando oro: Muéstrame el corazón de estos muchachos, al mirar en el rostro de mis normales pero testarudos adolescentes, estoy más capacitada para entender su lenguaje corporal y sus frases llenas de significado. Los comentarios que han hecho sus maestros o amigos vienen a mi mente. Mi empatía con ellos crece y resisto la tentación de pensar: *¿Quién me mandaría a tener unos hijos tan testarudos?*

Dejar de lado nuestras expectativas y considerar la manera en que Dios está obrando en alguien cambia nuestra agenda de trabajo y tiempo libre. Un compañero de trabajo con problemas es alguien por quien debemos orar, no un obstáculo para alcanzar nuestra meta diaria de trabajo. A veces encontramos, si somos sinceros, que no queremos mirar el corazón de otra persona porque nos hemos valido de ella para alcanzar nuestros propósitos. Experimenté esto cuando una persona de carácter alegre que había conocido en una conferencia estaba en la ciudad y me invitó a almorzar. Cuando me dirigía al restaurante, recordaba los chistes que ella acostumbraba contar y esperaba con fruición el encuentro con ella. Ya en la mesa, me senté con los ojos abiertos en espera de que comenzara la diversión.

En vez de chistes, me hizo unas preguntas: ¿Por qué otros cristianos parecen amar a Dios y yo no? ¿Por qué otras parejas cristianas se llevan bien y mi esposo y yo peleamos tanto? ¿Por qué Dios parece ensañarse conmigo?

He hablado con distintas personas muchas veces acerca de estas preguntas, pero en aquel día soleado sentada en aquel restaurante con una de las personas más divertidas que conozco, estas preguntas me resultaron tediosas y me sobrecogieron. La verdad era que no quería satisfacer sus necesidades. La mente se me quedó en blanco hasta que pude elevar esta oración: Perdóname Señor. Mientras escuchaba, comencé a pedirle a Dios: *¡Ayúdame a querer ver el corazón de esta persona!* En esta conversación íntima con Dios, pude cambiar de dirección y dejar de lado el pequeño resentimiento que sentí al no poder pasar unos momentos de risa y amistad.

Finalmente, le pedí a Dios: *Saca a la superficie lo que has puesto en mi ser.* Me habían dicho por años que yo sabía exhortar; pero ese día en aquel restaurante no sabía por dónde empezar. *Hazme recordar lo que me has enseñado.* Claro, soy buena para formular preguntas, y comencé a formularlas. *Muéstrame los obstáculos en su camino, oh Dios. Manifiéstate de una manera real en su vida.* Ya sin resentimiento, me sentí honrada de que una amiga pudiese sincerarse de tal manera conmigo.

DEJEMOS QUE DIOS HAGA LOS MILAGROS

La primera vez que oré por una persona al mismo tiempo que hablaba con ella fue en la puerta de mi casa con dos testigos de Jehová. Un cristiano de un ministerio para ganar a los miembros de las sectas me explicó los puntos fundamentales que hay que presentar a un testigo de Jehová, y yo lo había estado poniendo en práctica durante muchos años. Hasta presentábamos ejemplares viejos de la revista *Atalaya*, la publicación de su organización, con varias discrepancias marcadas.

> *Quizás la mayor contribución que hacemos en cualquier conversación no resulta ser lo que decimos, sino el presentar quiénes somos al traer la presencia de Cristo con nosotros.*

Pero mis visitantes habían recibido instrucciones de sus líderes de no mirar tales cosas, y comencé a preguntarme si aquellas conversaciones tenían algún sentido. Allí de pie aquel día, comprendí que lo único que podía hacer era interceder en oración. Pero ¿qué orar?

La ex testigo de Jehová me había contado que aun cuando intelectualmente sabía que debía dejar dicha secta, no se animaba a hacerlo por temor a perder familiares y amigos. Así es que oré mientras hablaba con mis visitantes: *verdad... valentía...*

seguridad... el amor de Cristo esté contigo. No sé si experimentaron verdad o valentía, pero sí sentí que les había presentado la presencia de Dios. Me había alejado un paso más de un cristianismo esquematizado. En vez de marear a mis visitantes con palabras, los bañe en intercesión.

Al describir la escena a una amistad, le dije:

—Lo único que pude hacer fue orar.

—¡¿A eso has llegado?! —dijo medio en broma—. ¿Ninguna explicación deslumbrante? ¿Ninguna prueba infalible?

Su tono burlón me recordó las palabras de Oswald Chambers: «La oración no nos equipa para grandes obras. La oración es la gran obra».[3] Quizás la mayor contribución que hacemos en cualquier conversación no resulta ser lo que decimos, sino el presentar quiénes somos al traer la presencia de Cristo con nosotros.

LLEVA PRÁCTICA

Si decide hacer esto y después se olvida, no se desaliente. En su libro *Freedom of Simplicity* [La libertad de la simplicidad], Richard Foster escribe acerca de su intento de interactuar con Dios durante sus conversaciones por un día:

> Una noche tomé una importante decisión: toda persona con quien me encontrase el próximo día conscientemente trataría de elevarla a la luz de Cristo. Esa mañana salté de la cama, desayuné y salí hacia el trabajo. Me di cuenta que no había intercedido por mi familia. Uno por uno los sumergí en la Luz. Una vez en la oficina, me apresuré, le di el trabajo del día a mi secretaria, y mientras salía por la puerta me di cuenta de mi omisión una vez más. Oré que el gozo del Señor estuviera con ella ese día. Para ese entonces empezaba a comprender lo lejos que estaba de una constante comunión con Dios. Me sosegué en lo íntimo. Entonces, al repasar la rutina de mi día, pensé en elevar una oración por cada uno con el que me encontrara. Pediría discernimiento para percibir lo que ocurría en las personas, invitaría a Cristo a consolar a los que parecían es-

tar sufriendo, alentaría a los que parecían abatidos, exhortaría a los que parecían indiferentes. Fue un día maravilloso y feliz. Algunas personas que se cruzaron conmigo por la calle daban la vuelta, me sonreían y me deseaban los buenos días.[4]

Si ha tratado como yo de decir y hacer lo correcto, usted también pudiera sorprenderse de la importancia de «ser» un instrumento de Jesús. Nuestro mundo hambriento de la Palabra y buscador de respuestas quiere más información, y nosotros podemos ofrecer lo que el mundo necesita: una percepción de Dios que satisface.

TEMAS DE REFLEXIÓN
EXPERIMENTOS PARA CONSIDERAR

¿Cuál sería una buena oración suspiro por alguien que hizo una broma o un comentario que no nos gustó?

Piense en alguien que admira. ¿Qué oración suspiro puede ofrecer en su conversación con esa persona?

Desear conocer a fondo a las personas puede resultar difícil. Trate de sustituir el nombre de alguien difícil de conocer colocándolo en los espacios libres de las siguientes frases y ofrezca esta oración, que es diariamente utilizada por la madre Teresa y los trabajadores del orfanato de Calcuta.

> Amado Señor, déjame verte hoy y cada día en ... y al estar con esa persona, ministrarte.
>
> Aunque estés escondido detrás de la máscara del irritable, del que se cree perfecto, del irrazonable, permite que aún pueda yo verte, y decir: «Jesús, qué dulce es servirte».
>
> Señor, dame de esa fe que ve, para que mi trabajo nunca sea monótono. Encontraré deleite aun en cumplir los deseos y satisfacer los caprichos de tus pobres hijos.

Oh amado... qué doblemente especial eres para mí, cuando personificas a Jesús; qué privilegio poder atenderte.

Dulce Señor, hazme apreciar la dignidad de mi alta vocación y sus muchas responsabilidades. No permitas que la arruine sucumbiendo a la frialdad, a la falta de bondad o a la impaciencia.

Y, oh Dios, mientras... es Jesús, permite que sea un Jesús paciente, que soporte mis faltas, mirando solamente mi intención, lo cual es amarte y servirte en la persona de cada uno de estos.

Señor, aumenta mi fe, bendice mis esfuerzos y trabajo, ahora y siempre. Amén.[5]

CAPÍTULO

5

Entretejamos oración con actividades

Podía encontrar solamente once cuentas telefónicas para el año. ¿Dónde estaba la duodécima? Si la encontraba podría descontar una considerable cantidad de mis impuestos. Siempre tengo mucho cuidado de toda la papelería de mi negocio, pero todos los años pierdo alguna cosa, y quizás dos o tres.

Oré: *Lo sé, Señor, me estoy alterando. Esto no es una crisis.*

Había buscado en los archivos del año pasado, y también en los de este año. Pero la cuenta había desaparecido. ¿En qué miserable y oscuro lugar la habré puesto?

Sí, Dios mío, me estoy castigando. Sé que es incorrecto. Ayúdame a no hacerlo.

Cuando llega el momento de preparar mis impuestos sobre la renta, inicio una batalla intermitente conmigo misma. Voy desde la desesperación que me produce el perder documentos al éxtasis de ahorrar algún dinero. Al final del día me encuentro exhausta. Hace unos años, comprendí también otra cosa. Ese día extrañé a Dios. Por supuesto, había elevado una oración suspiro aquí y allá, pero me faltaba la constante presencia de Dios, algo en lo que había aprendido a deleitarme.

Fue entonces que noté la vela que estaba en el centro de la mesa donde trabajaba. Decidí que el próximo año la encendería como un recordatorio de la presencia de Dios mientras trabajo.

Así ha sido en los últimos años. A través de las idas y venidas emocionales del día que preparo mi pago impositivo, veo de reojo que hay una vela encendida y musito: «Sí» y «gracias» (que percibo una entrada económica). El día no necesariamente navega sobre aguas quietas, pero ese no es el asunto. Yo no me mantengo en compañía con Dios para que mi vida sea toda alegría. Lo hago porque necesito de Dios, porque quiero «conocerle, y el poder de su resurrección» (Filipenses 3.10). Puedo deleitarme en la presencia de Dios incluso en un día como ese. Ahora paso por la autoflagelación y la autoexaltación con un poco más de gracia.

Nuestras conversaciones y acciones se convierten en terreno santo en el mismo sentido que la zarza ardiente lo fue para Moisés: un lugar de conversación con Dios.

Cuánto más le damos cabida a Dios en nuestros pensamientos y conversaciones, más deseamos su presencia en todas las esferas de nuestra vida, incluso en actividades físicas o mentales extenuantes. Alternamos entre enfocarnos en Dios y enfocarnos en la actividad que estamos desarrollando hasta que ambos se funden.[1] Nuestras conversaciones y acciones se convierten en terreno santo en el mismo sentido que la zarza ardiente lo fue para Moisés: un lugar de conversación con Dios.

La oración puede fácilmente entretejerse con muchos tipos de actividad. El apóstol Pablo escribió a los cristianos en Roma: «*Sin cesar* hago mención de vosotros en mis oraciones» (Romanos 1.9-10), y podemos imaginarlo en el arduo trabajo de coser carpas al mismo ritmo en que recordaba en oración a las distintas personas que había encontrado en sus viajes. En mi trabajo de periodista, me percibo como «ordenándolo todo ... teniendo solaz delante de Él todo el tiempo» (Proverbios 8.30).

TAREAS COMUNES

Las actividades normales pueden parecer insignificantes cuando las comparamos con tareas de mayor importancia, pero cuando reciben una infusión de la presencia de Dios, cambian. El objetivo más amplio de la tarea se hace aparente: No estoy simplemente arreglando un desorden en la cocina, sino cumpliendo con mi papel de madre de crear un hogar que imponga orden en medio del caos. Jesús convirtió un simple acto de higiene, un acto en preparación para una cena, un lavatorio de pies, en servicio a los demás y adoración a Dios. Qué momento tan ideal para orar por otro: arrodillado a los pies de esa persona.

A veces es más fácil orar cuando el cuerpo está activo y uno está en la comodidad y silencio del hogar. Pat Clary, presidenta y fundadora del Instituto de Ministerios de la Mujer [en inglés, The Women's Ministries Institute], me contó cuán abrumada se sintió en medio de los preparativos del simposio anual de su organización. Su esposo era aspirante a un cargo político, y ella había recibido la información de que su madre tenía una enfermedad mortal. Pat sintió la necesidad de correr y esconderse en Dios. «Cerré la oficina», me dijo, «fui a casa, me puse unos vaqueros y una blusa holgada y saqué mis artefactos de limpieza. Mientras trapeaba el piso del vestíbulo, comencé a cantarle himnos al Señor; algunos a viva voz, otros como si fueran una canción de cuna. En una situación del diario vivir, en mi hogar, me conecto mejor con Dios y me baño en la luz de su presencia».

El trabajo rutinario —preparar los discos de una computadora, cortar el césped, limpiar una alfombra— se presta para que pasemos a otro nivel intelectual en el que contemplamos las palabras, la sabiduría y los desafíos de otros. Esto es meditación en la forma más amplia: reflexionar sobre la voluntad de Dios, saborear las ideas de Dios para que cumplamos el misterioso mandamiento de hacer todo y decirlo todo en el nombre del Señor (Colosenses 3.17). Los que eligen esta forma contemplativa de enfrentar el diario vivir a menudo encuentran que sus pensamientos convergen al comprender que el comentario que se hizo por teléfono cinco minutos antes es la respuesta a algo que habíamos preguntado a Dios con anterioridad ese día. Al acoplar el ritmo de la oración y el trabajo, se crean los momentos para que la quieta y suave voz de Dios sea clara.

Como ya se lo imaginará, el Hermano Lawrence oraba dentro de las actividades mundanas de la vida:

> Coloco el panqueque en la sartén por el amor de Dios. Cuando está hecho y no encuentro otra cosa que decir, me postro en el suelo y adoro a mi Dios que me ayuda en todo por su gracia. Después me levanto más contento que un rey. Cuando no encuentro otra cosa que hacer, me basta con levantar una pajita por amor a Dios».[2]

Javonda Barnes, una misionera que pasaba tiempo en su hogar cuidando a unos niños, encontraba recordatorios en el ritmo de su diario vivir. Mientras preparaba el desayuno, oraba por las personas en Rusia cuyo alimento ese día no estaba asegurado. Mientras sus hijos se preparaban para la escuela, sentía que Dios la impulsaba a orar por los maestros, administradores y demás empleados de la escuela, por sus amigas que eran madres y el día que sus hijos pasarían en la escuela. En la cola del supermercado, oraba por las personas cuyos nombres aparecían en los titulares de los periodiquillos. Al caminar con sus niños, oraba por los adolescentes que pensaba que podían estar pasando por tentaciones.[3]

> *Al acoplar el ritmo de la oración y el trabajo, se crean los momentos para que la quieta y suave voz de Dios sea clara.*

El canto también es una forma ideal de relacionarnos con Dios, pues es una actividad de todo el ser. La mente recuerda las palabras, las emociones siguen la melodía, y el cuerpo inhala y exhala al ritmo de la oración. Cuando un amigo de mi esposo se encontraba abatido y confundido en una transición de su carrera, me puse a practicar el verso de un canto de alabanza en que se dice que Dios hace fuerte al débil. Cuando cierta canción sobre la abstinencia se hizo popular, me encontré intercediendo en oración por mi hija mientras ella la escuchaba en el radio del automóvil.

RECORDATORIOS QUE NOS HACEN DESPERTAR

De seguro hay acontecimientos en su vida que se prestan a la oración, aunque usted no se dé cuenta. He aquí otras ideas para incluir la oración en sus actividades de cada día.

Recordatorios relacionados con los sentidos. La sirena de una ambulancia, el sonido del teléfono o el grito de «Papá» de un niño pueden recordarnos orar por una persona necesitada. Otros usan recordatorios visuales, tales como llevar una piedra en el bolsillo o una cruz en el cuello, o pegar un versículo bíblico en la pared del puesto de trabajo.

Necesito en forma especial sentir la presencia de Dios cuando estoy en una entrevista telefónica difícil en mi trabajo como periodista. Después de ver lo bien que me fue con aquella vela mientras preparaba mi informe de impuestos, encendía una vela al hacer entrevistas. Así fue que comencé a prender una vela cuando tenía reportajes, pero me olvidaba de la vela porque mis sentidos estaban ocupados en otras cosas: mis ojos en el monitor de la computadora y mis oídos en el teléfono. Probé entonces con una vela aromática con fragancia de vainilla, y este ahora bien conocido aroma me llegaba desde el otro extremo de mi escritorio y me recordaba deleitarme en la presencia del Señor como su muy amada hija. En esa fortaleza puedo seguir adelante con mi reportaje aunque parezca no llegar a ninguna parte.

Márgenes de tiempo. Muchos de nosotros galopamos por la vida como si tuviéramos que orquestar los acontecimientos de la vida con la productividad de un eficiente experto. En vez de correr de una cosa a otra, podemos separar segmentos de tiempo en que bajamos la marcha entre las tareas y darnos un poco más de tiempo entre las citas. Así podremos enfocarnos en cada experiencia y ser receptivos a la presencia de Dios en ella. Esta consciente apreciación es contraria al apuro, la precipitación y la avaricia de una cultura que nos empuja a apretujar el mayor número posible de tareas en un día. Estos márgenes de tiempo nos hacen más fácil formularle preguntas a Dios y reflexionar en su manera de actuar.

Aminoremos la velocidad del cuerpo. Tilden Edwards, director del Instituto Salem para la Formación Espiritual, advierte que la forma en que nos movemos se relaciona directamente con nuestra percepción de la presencia de Dios. «Piense cómo nos movemos cuando estamos en un retiro. Es casi seguro que allí aminoramos la velocidad ... Estamos precisamente allí para soltar esa actitud de querer dominar y escuchar su presencia, momento a momento ... Necesitamos desplazarnos con suavidad, con gracia, conscientes de que cada movimiento de brazo, pierna o cabeza está centrado en Dios ... Un cuerpo sin coordinación promueve una mente fragmentada y descoordinada», que está «fuera de Aquel en quien "vivimos, y nos movemos, y somos"» (Hechos 17.28).[4] Le he pedido a Dios que me ayude a notar si estoy encorvando los hombros o respirando incorrectamente, porque uno no se da cuenta cuando hace estas cosas. Una vez que nos percatamos de ello, podemos renunciar a la prisa y las tensiones y, seguros en la presencia de Dios, relajar los hombros y respirar profundamente.

ENTRETEJAMOS LA ORACIÓN EN NUESTRAS TAREAS

En su libro *Finding God at Home* [Cuando le encontramos un hogar a Dios], el capellán de hospitales Ernest Boyer reflexiona en las recomendaciones del Hermano Lawrence con respecto a entretejer la oración y alguna tarea, y ofrece estas sugerencias, que he parafraseado:[5]

> *Nada de lo que hagamos es demasiado ordinario o aburrido para Dios. Él se deleita en nosotros, no porque seamos entretenidos sino porque somos suyos.*

Reflexione antes de comenzar cada tarea. Antes de comenzar cualquier trabajo, deténgase por un minuto o dos y piense en que en ese momento «usted deleita a Dios de mil maneras ... Dios le ama tal como usted es ... Trate de sentir este gran amor dirigido hacia usted, para que al comenzar el trabajo lo haga en respuesta a ese amor».

El Hermano Lawrence repetía esta oración antes de comenzar cualquier tarea:

> Mi Dios, ya que estás a mi lado, y ya que es tu voluntad que aplique mi mente a estas cosas externas, pido que me des gracia para permanecer contigo y mantenerme en tu compañía. Pero para que esta tarea salga mejor, Señor, trabaja conmigo; recibe mi trabajo y aduéñate de todos mis afectos.[6]

A los días de haber colocado esta cita en la pared detrás del monitor de mi computadora en mi trabajo, una nueva oración suspiro permeó mi día laboral: «Recibe mi trabajo y posee mis afectos».

Repita una oración corta al trabajar. Utilice oraciones suspiros tales como: «Dios me ama», «Me deleito en ti, Señor» o «Esta tarea es para ti, Señor». Quizás quiera mantener algún ritmo mientras trabaja, cambiando de oración suspiro al plantar cada semilla o lavar cada vasija.

Reflexione al terminar cada tarea. Tome un minuto para disfrutar la terminación de un trabajo y ofrézcaselo a Dios.

Vuelva sus pensamientos y sentimientos hacia Dios al trabajar. Invite a Dios a unírsele en sus charlas mentales y note cómo cada pensamiento peregrino —queja, pregunta, recuerdo— puede convertirse en oración.

Nada de lo que hagamos es demasiado ordinario o aburrido para Dios. Él se deleita en nosotros, no porque seamos entretenidos sino porque somos suyos.

TEMAS DE REFLEXIÓN
EXPERIMENTOS PARA CONSIDERAR

¿Qué, si es que hay algo, es demasiado difícil en cuanto a hablar y escuchar a Dios mientras se hace otra cosa?

Un campesino Filipino le dijo a Laubach: «Acostumbraba a trabajar en la granja con las manos en el arado y los ojos en el surco, pero con la mente en Dios».[7] Si fuera a parafrasear estas palabras, ¿cómo cambiaría las frases en cursivas para que encajen en su vida? *Trabajo con las manos en el arado y los ojos en el surco,* pero con la mente en Dios.

Si fuera a orar antes de comenzar una tarea, ¿cuál de las siguientes oraciones diría?

- «Dios me ama».
- «Me deleito en ti, Señor».
- «Esta tarea es para ti, mi Dios».
- «Recibe mi trabajo».
- Su propia oración:

CAPÍTULO

6

Oración sin palabras

Una mañana cuando mi hija Janae estaba en quinto grado, perdió el papel en que se le autorizaba a participar en una jira. Buscó en su habitación, que generalmente era un desorden a pesar de que yo —una supermamá en esos días— le había dado normas para mantenerlo limpio y consecuencias para cuando no lo hiciera. Tuve que escribirle mi propia autorización y salió hacia la escuela molesta.

Me hundí en el sofá pensando: *¿Por qué será tan desorganizada esta hija mía? ¿Qué más puedo hacer?* Quería mimarla, pero me molestaba. Me enojaba conmigo misma por permitir que un cuarto desordenado me molestara tanto. Me hundí más en la desesperación. *¿Cómo voy a aceptarla a ella y aceptarme a mí misma? Amo a mi hija y quiero tener un corazón dispuesto de sierva, ¿pero cómo demostrárselo cuando sus hábitos me vuelven loca?* Me había dirigido a Dios tantas veces haciéndole estas mismas preguntas que no me animaba a repetírselas otra vez.

Entonces recordé la historia que había leído acerca de una mujer que todos los días hacía un acto de bondad en secreto. Era difícil para ella porque vivía en un dormitorio con otras mujeres, y podían sorprenderla. Lo hacía en secreto, escribió, porque le daba «una gran satisfacción poder hacerlo solo para Dios».[1]

Sí, pensé, *no me quedan palabras para orar, pero puedo decirle a*

Dios lo que le quiero expresar (y quizás a Janae) mediante pequeños actos de bondad. Entré, pues, a la habitación de Janae para arreglarle la cama, algo que casi nunca hacía. Primero, acomodé los libros, muñecas y carteras que ella tenía debajo de las cobijas. Estiré la sábana y la colcha y arreglé cuidadosamente las esquinas como en los hospitales. Cuando coloqué los ositos de peluche en un círculo y de frente como si estuvieran besándose (a ella le iba a gustar esto), experimenté la gracia de Dios hacia ella y hacia mí. Le estaba diciendo a Dios: *No soy una madre perfecta y ella no es una hija perfecta, pero confío en que trabajarás con nosotros de todos modos.*

A veces las palabras no son un recipiente lo suficientemente grande para contener todo el mensaje que queremos expresarle a Dios. Entonces resulta más fácil comunicarse con Dios a través de alguna actividad física: arrancar malas hierbas, mecer a un bebé, tocar tambores e incluso arreglar una cama. Estos actos se convierten inexplicablemente en una oración.

A veces las palabras no son un recipiente lo suficientemente grande para contener todo el mensaje que queremos expresarle a Dios. Entonces resulta más fácil comunicarse con Dios a través de alguna actividad física: arrancar malas hierbas, mecer a un bebé, tocar tambores e incluso arreglar una cama. Estos actos se convierten inexplicablemente en una oración.

Esto es diferente de estar en oración mientras se está en una actividad, como se describió en el capítulo anterior. Esto es cuando el acto mismo —no importa cuán común sea— se convierte en una oración sin palabras. El Hermano Lawrence encontraba contentamiento levantando una pajita del suelo sin ningún otro motivo que su amor a Dios.[2]

El trabajo, especialmente, cambia de gusto cuando se realiza como parte del placer de conocer a Dios. Muchos de nosotros somos perezosos por naturaleza y hacemos lo menos posible; o soplamos y resoplamos en el trabajo hasta completar el último detalle, ansiosos de escuchar las palabras: «Usted es todo un profesional: siempre hace las cosas bien». Es una idea formidable glorificar a Dios con nuestro trabajo, saborear nuestro amor por Él. Al hacerlo así, no prestamos atención a los detalles por congratularnos: «Hay algo bien hermoso en un trabajo hecho con esmero y precisión. Es participar en la actividad de Dios, quien hace todo con sabiduría y hermosura hasta el último detalle».[3]

CUANDO LAS ACCIONES DICEN MÁS QUE LAS PALABRAS

Si permitimos que nuestras acciones se conviertan en oraciones, pudiéramos empezar a ver nuestros cuerpos como instrumentos de adoración a Dios. Una buena parte del cristianismo occidental ha abrazado el concepto de que lo espiritual está por encima de lo material. Según este concepto, Dios usa la mente, la voluntad y las emociones pero el cuerpo no es más que un recipiente defectuoso, un mal necesario que sirve para conducir nuestra mente de sitio a sitio.

¿Es este un concepto bíblico? Por un lado, se describe el cuerpo como corruptible y perecedero (1 Corintios 15.53), y Cristo dice que de él salen maldades que contaminan a la humanidad (Marcos 7.20-23). Por otro lado, nuestros cuerpos son «miembros de Cristo» (1 Corintios 6.15), y el cuerpo es «para el Señor, y el Señor para el cuerpo» (1 Corintios 6.13). El cuerpo, entonces, puede estorbar o ayudarnos en nuestra relación con Dios.

En su libro *The Spirit of the Disciples* [El espíritu de los discípulos], el profesor de filosofía y ministro bautista del sur Dallas Willard escribe:

> Nuestra tendencia es pensar que el cuerpo y sus funciones estorban nuestro llamado espiritual, sin ningún papel positivo en nuestra redención ... Lo espiritual y lo corporal en ningún momento son contrarios en la vida humana, sino complementos.[4]

Nuestro cuerpo puede participar en nuestra experiencia con Dios cuando es instrumento en mejorar nuestra relación con Dios. Esto lo ilustran los personajes bíblicos que adoraron a Dios con sus cuerpos: Pablo ayunó (Hechos 14.23), David danzó ante el Señor (2 Samuel 6.14-15), las asambleas judías levantaban las manos y palmoteaban (Salmo 47.1).

¿Pero cómo se logra esta asociación? Hay que entrenar al cuerpo, especialmente en esta época en que se nos alienta a usar nuestros cuerpos para alcanzar metas materiales y procurar placeres personales. Esta preparación del cuerpo se realiza, explica Dallas Willard, a través de disciplinas espirituales.[5] Así como el ayuno o la castidad entrenan al cuerpo para que enfoquemos nuestras vidas en Dios absteniéndose de comer o de la actividad sexual, la disciplina de practicar la presencia de Dios puede enseñar al cuerpo a disfrutar y adorar a Dios en todo.

Las formas específicas en que nuestro cuerpo participa en el gozo de la presencia de Dios difieren de persona a persona. Pero la Biblia nos da pie para comenzar señalando posiciones como arrodillarse o postrarse, y actos como el de cantar, aplaudir y levantar las manos. Si bien algunas de estas cosas se prestan mejor para las reuniones públicas, otras resultan mejor en la soledad. A solas con Dios, podemos sentirnos libres de tirarnos de cara al piso para buscarlo o girar de alegría porque nos libró de la tentación.

Nuestro cuerpo puede participar en nuestra experiencia con Dios cuando es instrumento en mejorar nuestra relación con Dios.

Las «oraciones» corporales muchas veces se entretejen con la vida diaria. Cuando la voluntad de Dios se cumple, lanzamos al aire el brazo y el puño junto a una sonora expresión de alegría. En momentos de contrición, sin pronunciar palabra nos cubrimos el rostro con las manos para pedir perdón y entregarnos. De esta manera presentamos nuestros cuerpos a Dios como instrumentos de justicia (Romanos 6.13).

Si tratamos de entrenar nuestra mente sin a su vez entrenar nuestro cuerpo, este quizás se rebele por habérsele dejado fuera. Percibí esta reacción claramente en mi cuerpo un año después del terremoto de Northridge de 1994. Exactamente un año después ocurrió un terremoto en Kobe, Japón, y comencé a sentir resacudidas propias, la poco común sensación de sentir movimientos sísmicos secundarios que no se producían. Traté de usar cada una de esas sensaciones como un recordatorio para orar por los habitantes de Kobe. Mi mente encontró solaz en esas oraciones, pero mi cuerpo no se tranquilizó por días.

Seis meses más tarde, un movimiento sísmico secundario de 4.9 despertó a toda la familia como lo había hecho el temblor original. Después de calmar a todos los adolescentes que estaban durmiendo en la casa esa noche, me senté en el piso y empecé a temblar con violencia. Me envolví en una frazada, lo que detuvo el temblor, pero mi cuerpo no logró relajarse ni dormir ni concentrarse esa noche. Como a la mañana siguiente no pude trabajar, comencé a entonar confortantes cantos de adoración. Era una canción al ritmo de la cual los niños de la iglesia se mecían, yo también lo hice. Mi respiración se relajó primero cuando el canto obligó a los pulmones a respirar regularmente, y luego noté que mis hombros colgaban a los lados de mi torso totalmente relajados de la misma manera que en los momentos de adoración en la iglesia. El balanceo ofreció a mi tronco y a mi torso la firme seguridad de estar balanceándome en el regazo de Dios. Comprendí entonces que mi cuerpo debía tener una parte activa en el sedante proceso de orar. No podía con la mente conducir al cuerpo a la paz de Dios

BENEFICIOS DE LA ORACIÓN ACTIVA

A los que hemos puesto tanto énfasis en decir las frases correctas al orar que no tenemos ideas de lo que hay en nuestro corazón, hablarle a Dios por medio de una acción es un alivio. Seguimos nuestros instintos. En vez de planear y delinear, nos permitimos ser espontáneos. Nos presentamos con admiración e inocencia, de la misma manera que una criatura extiende sus bracitos para que el padre la levante.

Una oración activa puede ayudarnos a expresar y escuchar cosas que no pueden fácilmente expresarse con palabras. Por ejemplo, el corredor y misionero Eric Liddell sentía el gozo de Dios cuando corría. Otros sienten el gozo de Dios cuando remontan las olas, escalan una montaña o montan un caballo. Deleitarse en la presencia de Dios es parte de la razón por la cual hacen esas cosas, aunque pocas veces así lo digan.

Durante algunas de mis sesiones de ejercicios aeróbicos, me deleito en la presencia de Dios de una manera muy intensa. Tengo la sensación de que Dios me mira a mí, su pequeña hija, mientras muevo mi cansado y tenso cuerpo con gracia y energía. Mis piernas y brazos se mueven al ritmo que Dios ha colocado dentro de mí, aún cuando es Jane Fonda la que aparece ante mí en la pantalla del televisor. Entre tanto gozo, me vienen ideas creativas para escribir, servir, o amar a mi familia.

Estas oraciones activas llevan la fe a cada instante de la vida, lo que demuestra que Dios no está limitado a actividades como la lectura de la Biblia o la asistencia a la iglesia. La oración activa desplaza la artificial noción de una separación entre la fe y el diario vivir e invita a Dios a las rendijas de nuestra existencia. Nada de lo que hacemos escapa de la compañía de Dios. Lentamente nos acercamos a la difícil meta de ofrecer nuestros cuerpo y todo lo demás como sacrificio vivo, santo y aceptable ante Dios. Esto se convierte en un diario acto espiritual de adoración (Romanos 12.1).

TEMAS DE REFLEXIÓN
EXPERIMENTOS PARA CONSIDERAR

Para usted, ¿qué tipo de actividades parecen oraciones?

¿Cuándo, si es que alguna vez, ha sentido una experiencia como la que se expresa en la siguiente frase? «Cualquier tarea realizada por amor es un acto de adoración. Se convierte en un acto devocional y en una oración».

¿Cuál frase dentro de la siguiente oración, si es que halla alguna, expresa su reacción a este capítulo? «Señor, creador de mi cuerpo, nunca estuve segura de cómo "glorificarte en el cuerpo". Enséñame a entrenar mi cuerpo para que se convierta en parte vital de mi relación contigo. Ayúdame a seguir tu dirección».

CAPÍTULO

7

Fijémonos en lo que tenemos delante

Al conducir a mis hijos adolescentes hacia la casa una noche, me sumergí en el pensamiento de adquirir una casa más nueva. Las casas que se encontraban en la cima de la loma tenían paredes interiores sin grietas, gabinetes que no estaban pasados de moda y un césped más verde.

Entonces reaccioné. Estaba haciendo algo muy norteamericano: anhelar bienes materiales mayores y mejores. Yo sabía más que eso. Estábamos patrocinando a un niño de un país del Tercer Mundo, y trabajaba voluntariamente en hogares de paso para desamparados. ¿Era la voluntad de Dios que el dinero que nuestra familia ganaba se utilizara para vivir en una casa impresionante? ¿Me satisfaría de veras una casa nueva? No, pero cuando mi mente vaga, a veces me obsesiono con cosas que son contrarias a quien creo que soy.

Entonces, ¿a qué debo desviar mis pensamientos? *Página en blanco.* Respuesta fácil. Puedo continuar mi experimento de disfrutar la presencia de Dios, ¿pero cómo? Otra página en blanco. *Dios, aprecio tu presencia, pero... en blanco otra vez.* Miré fijamente hacia donde se dirigía el automóvil: solo una negra carretera. *¿Señor, de qué podemos hablar?*

De repente vi la respuesta por todas partes. Estábamos transitando por la misma rampa que se había derrumbado cuatro meses antes durante el terremoto de Northridge. Las ruedas de mi automóvil rodaban por la misma porción de carretera que debió ser clausurada por reparaciones. *¡Oh Señor, ayuda a las muchas personas que todavía están sin hogar debido al terremoto a resolver la cuestión de dónde vivir! Calma a los que como yo todavía están aturdidos por las consecuencias. Brinda seguridad a los obreros de la construcción que trabajan a unos pocos metros de mí.* Así continuaron mis oraciones. Cada pensamiento agonizante del terremoto que venía a mi mente se convertía en una petición por los que me rodeaban.

A medida que esta experiencia de por vida de disfrutar la unión con Dios cobra auge, procuramos más intencionalmente deleitarnos en la presencia de Dios. Encontramos maneras simples de concentrarnos en Dios. El misionero Frank Laubach, quien escribió acerca de sus interesantes experimentos en la práctica de la presencia de Dios, se deleitaba jugando un «juego con minutos», como lo llamaba. Comenzaba tratando de «alinear sus actos con la voluntad de Dios cada quince o treinta minutos... He comenzado a tratar de vivir todos los momentos en que estoy despierto conscientemente escuchando esa voz interior, preguntando sin cesar: "¿Qué deseas que se diga, Señor? ¿Qué deseas que se haga en este instante, Señor?"»[1]

Algunos han tratado de imitar el método de Laubach, mientras otros han adoptado su propósito: enfocar la atención en Dios lo más a menudo posible. Ese cambio intencional de atención nos lleva a examinar a la persona, lugar u objeto que está frente a nosotros en busca de algo que nos lleve a conversar con Dios. Al mirar a los jóvenes y a los entrenadores en las competencias atléticas de mi hijo, intercedí por ellos: *Imparte confianza a estos muchachos; aumenta la paciencia de estos entrenadores. ¿Hay algo que yo pueda hacer o decir para que esto ocurra?* El agua que fluye a través de las cañerías cada mañana al cepillarme los dientes me recuerda orar: *Fortalece a las familias del Tercer Mundo que cargan tinajas de agua varias veces al día.* Al observar al cajero del supermercado oro: *No conozco sus necesidades, pero como necesito más de ti, Dios, probablemente él también.*

En los momentos antes de hablar en algún retiro, solía ponerme nerviosa, pues deseaba que lo que había preparado saciara necesidades, y que mi presentación fuese sencilla y atractiva para la audiencia. Entonces me acordaba de mi experimento —orar por los que están delante— y miraba a los presentes en el retiro y los bañaba en oración. Comencé a mezclarme con la multitud y a conversar con la gente. Antes de hablar con ellos le decía a Dios: *Muéstrame mi misión en este lugar. ¿Con quién debo hablar? ¿A quién debo escuchar? ¿Con quién debo reírme? ¿A quién debo alcanzar con mis palabras?* Sin buscarlo, sentí tranquilidad.

ORACIONES DE TODA LA VIDA

En mis muchos viajes a través del libro *A Diary of Private Prayers* [Diario de oraciones privadas], me impactaba la manera en que el autor John Baillie oraba por los avances de la ciencia, la educación y el verdadero aprendizaje[2] y alababa a Dios por la música, los libros, la buena compañía y todos los «placeres puros».[3] Aunque había creído que nada en este mundo resultaba inadecuado como motivo de oración, de alguna forma había eliminado ciertos tópicos por ser demasiado ordinarios o demasiado parte de la «vida real» (¿en oposición a mi protegida vida cristiana?). Así que comencé a orar por los líderes de las cuestiones que más me interesaban: el arte, la educación y la religión. Al meditar en esto, intercedí en oración por primera vez por:

- curadores de los museos de arte; autores contemporáneos influyentes tales como John Irving y Pat Conroy; poderosos productores cinematográficos, como Steven Spielberg;
- el superintendente estatal del sistema escolar; profesores en las facultades de pedagogía; y
- líderes del islam, del budismo y del hinduismo.

Este último grupo me impactó más que ninguno. ¿Cómo era posible que después de haber estudiado y enseñado las grandes religiones mundiales nunca hubiera orado que sus líderes llegaran a conocer la verdad de Dios? Presentí que las metas en mi vida se estaban expandiendo de aprender y enseñar a observar e interceder.

Pero ¿por qué limitar mis oraciones a líderes de esas esferas? ¿No se inclina Dios al oprimido y despreciado? Empecé a orar en las mismas categorías anteriores por:

- los artistas nuevos que están bajo la mirillas de los críticos de arte;
- los estudiantes con dificultades que no parecen encajar en ningún sistema educativo, y
- los que están decepcionados de las iglesias y se han apartado.

> *Si bien es inútil forzarnos a deleitarnos en la presencia de Dios, debemos intentarlo. Como buscadores, nos volvemos reflexivos y conocedores. Prestamos atención a la manifestación de la presencia de Dios en cada circunstancia: ¿Qué está diciendo Dios? ¿Cuál es su voluntad en esto? Entonces, sin intentarlo, un pensamiento en cuanto a la luz radiante del día se transforma en una sonrisa de gratitud a Dios por haber creado tal luz.*

Interceder por los que tenemos delante incluye orar al leer el periódico o al mirar el noticiero. Las guerras y conflictos armados alrededor del mundo no son simples noticias, sino llamados a interceder en oración para que se haga la voluntad de Dios y la justicia prevalezca. Al leer las tiras cómicas de sátira política y los artículos de brillantes editores y periodistas, oremos que se conviertan en instrumentos de paz y verdad ... aun inconscientemente.

Practicar la presencia de Dios en esta forma, entonces, no es escapar del mundo, sino encontrarnos con el mundo. Asimilamos la tragedia y la depravación a través de la percepción de que Dios está activo en cada circunstancia. Y al hacerlo, encontramos una manera nueva de cumplir con el mandamiento que Cristo nos encomendó de interactuar en un mundo que pide a gritos redención en medio del caos.

VIVIR CONSCIENTEMENTE

Si bien es inútil forzarnos a deleitarnos en la presencia de Dios, debemos intentarlo. Como buscadores, nos volvemos reflexivos y conocedores. Prestamos atención a la manifestación de la presencia de Dios en cada circunstancia: ¿Qué está diciendo Dios? ¿Cuál es su voluntad en esto? Entonces, sin intentarlo, un pensamiento en cuanto a la luz radiante del día se transforma en una sonrisa de gratitud a Dios por haber creado tal luz.

Esto implica entrenar al ojo para ver y confiar que encontrará algo que apreciar. Cuanto más nos entrenamos para ver, más vemos. En *Pilgrim at Tinker Creek* [Peregrino en el arroyo Tinker], Annie Dillard escribió: «Acabo de aprender a ver huevecillos de manta. De pronto los veo en todos lados».[4] Lo mismo ocurre en la vida espiritual: crecemos en cuanto a la percepción de la presencia de Dios. Nos volvemos atentos a como actúa. Expresando deliberadamente lo que vemos nos ayuda a vigorizar nuestra capacidad de ver. «Por supuesto que ver es cuestión de expresarlo con palabras. A menos que prestemos atención a lo que pasa ante nuestros ojos, no veremos».[5] De esta forma aprendemos el arte de la atención, el enfrentar una situación o relación con los ojos abiertos.

PERO LA MENTE DIVAGA

Laubach predijo lo siguiente: «Los que aprenden esta disciplina tienen que soportar la divagación de la mente ... Pero no debemos desalentarnos cuando fracasamos ... Después de meses y años de practicar la presencia de Dios, uno siente que Dios está más cerca; el impulso que nos da por detrás parece más fuerte y firme, y sus tirones parecen más fuertes».[6]

Cuando mi mente divaga, me gusta permitir que mis

oraciones la sigan. *Esto... Estoy pensando en el compañero de trabajo de mi esposo. ¿Dónde está Dios en esto? ¿Me está diciendo algo? ¿Debería indagar cómo está ese compañero de trabajo?* Seguir tras las divagaciones de la mente con nuestras oraciones puede resultar en una gran aventura. La oración cobra vida propia al ir de tópico en tópico, de la alabanza al reconocimiento de errores, del agradecimiento a las petición. Los flujos y reflujos se asemejan a esa extraordinaria comunicación entre individuos llamada conversación.

Permitimos que Dios perdone las divagaciones de nuestra mente, expresadas con mucha sinceridad en esta oración:

> ¿Por qué, oh Dios, me resulta tan difícil mantener mi corazón dirigido hacia ti? ¿Por qué las tantas pequeñas cosas que quiero hacer, y las muchas personas que conozco, siguen llenándome la mente, aun durante las horas en que estoy totalmente libre para estar a solas contigo? ¿Por qué mi mente se desvía en tantas direcciones, y por qué mi corazón anhela las cosas que me hacen errar? ¿Acaso no eres suficiente para mí? ¿Sigo dudando de tu cuidado y protección, de tu misericordia y de tu gracia? ¿Seguiré preguntándome, en lo íntimo de mi ser, si me darás todo lo que necesito siempre que mantenga mis ojos en ti?
> Acepta mis distracciones, mi fatiga, mi irritación y mis divagaciones sin fe. Tú me conoces más profunda y plenamente que yo misma. Tú me amas con un amor mayor que el que yo misma me tengo. Hasta me ofreces más de lo que puedo desear. Mírame, y veme en toda mi miseria y confusión, y permite que sienta tu presencia en medio de mi agitación. Lo único que puedo hacer es mostrarme a ti. Pero me da miedo. Tengo mucho miedo de que me rechaces. Pero sé —con el aporte de mi fe— que deseas darme tu amor. Lo único que pides de mí es que no me esconda de ti, que no huya desesperada, que no actúe como si fueras un déspota implacable. Toma en tus brazos mi cuerpo cansado, mi mente confusa y mi alma inquieta, y dame descanso, simple y quieto

descanso. ¿Pido mucho y muy de golpe? No debo preocuparme por eso. Ya me lo dirás. Ven, Señor Jesús, ven. Amén.[7]

TEMAS DE REFLEXIÓN
EXPERIMENTOS PARA CONSIDERAR

¿Qué tiene frente a usted en este momento que pudiera ser un tópico de conversación con Dios?

¿Por cuáles líderes en las cosas que le interesan (arte, música, religión, tecnología, deportes) quisiera interceder?

Elija algunas frases de la oración que recién leyó que expresan cosas que quisiera decirle a Dios y nunca lo hizo.

CAPÍTULO

8

Cómo hallar a Dios en momentos de irritación

Cada semana empeoraba. Al compartir con otra el viaje de ida y vuelta al trabajo, pensaba que yo iba a explotar. Una de mis compañeras de trabajo y de viaje al parecer no podía dejar de quejarse. Traté de orar por ella, pero no soy la santa que quisiera ser. En los semáforos, lo que tenía deseos era de saltar del vehículo y correr.

Me parecía que estaba necesitada emocionalmente y que yo ni podía ayudarla, ni tenía deseos de intentarlo. Al orar por ella, me la imaginaba sentada en el regazo de Dios, que es como me imagino a mí misma cuando me siento necesitada. Al principio esto me sirvió, pero a la semana sentí otra vez el deseo de salir huyendo del vehículo.

Al estar un día en una caseta donde guardábamos cosas, descubrí una silla mecedora para niños que había pertenecido a mi hija. La empujé y la vi mecerse. Una oración intercesora por mi compañera de trabajo se me ocurrió súbitamente. *Qué interesante*. Arrastré la mecedora a mi cocina y la ubiqué en un rincón. Estaba en el camino y además no pegaba con el estilo contemporánea de mi cocina, pero me dio resultado. Cada vez que caminaba junto a la sillita la empujaba y elevaba una oración suspiro por mi compañera de trabajo. No voy a decirle que instantáneamente encontré paciencia para con ella, porque no fue así. Pero el resentimiento desapareció, y supongo que Dios se alegró con ese poco de obediencia. Y mi vida se llenó aun más de la compañía de Dios.

Sépalo cualquiera que crea que deleitarse en la presencia de Dios es solo para bien comportados místicos con cara de ángel. Hasta los que nunca seremos santos de buen carácter podemos disfrutar esta disciplina. Si usted se encuentra a kilómetros de distancia de «amar a vuestros enemigos», quizás pueda elevar una oración suspiro por ellos (Mateo 5.44-45). El irritante césped sin atender del vecino y ese automóvil desconocido estacionado en el lugar que le corresponde a usted se convierten en señales de que debe musitar: *Vuelve hacia ti el corazón de esta personas* o *¿Qué me quieres mostrar a través de esta persona?*

Además de esas oraciones pidiendo auxilio, podemos conversar con Dios de la manera que lo hace Tevya, el disgustado padre de las tres hijas en *El violinista en el tejado.* La manera en que levanta los brazos, miraba hacia arriba y pregunta disparates a Dios hace que la audiencia se ría, quizás más por envidia que por consternación. Tevya no está fuera de lugar. Su inquisitivo espíritu se parece al de Habacuc, el profeta de Judá que se paraba en los muros a cuestionar a Dios.

Tevya, Habacuc y el salmista nos recuerdan que hay lugar para ser apasionados en nuestra vida con Dios. Por mucho tiempo no se le ha hecho caso a la pasión de los evangelios. He tratado de imaginarme a Jesús diciendo con calma y sin inmutarse: «¡Nido de víboras!», y no puedo. Así como Cristo se sintió molesto por el pecado que lo rodeaba, podemos esperar sentirnos molestos también. Como pasamos por alto los salmos que expresan pasión e ira, nos olvidamos de que el salmista lanzaba fuertes acusaciones en sus clamores. Mi favorito es:

> Se han aumentado más que los cabellos aquellos que me aborrecen sin causa. (Salmo 69.4)

¿Tenía el salmista un número tan elevado de enemigos, o

simplemente se sentía asediado de esa manera? Igual que Tevya, podemos confesar nuestra confusión y perplejidad arrojando polvo al aire, preguntando y cuestionando, o declarando: «¡No entiendo!»

Algunos tenemos miedo de hablarle a Dios de nuestro enojo y frustración que Él ya sabe que sentimos. O negamos sentir ira porque pensamos que la ira y Dios no pueden coexistir. Nos ponemos ante Dios una careta de «vas bien, muchacho» : nos vemos bien, nos sentimos bien, nos comportamos bien. La ira y la frustración se tienen como obstáculos que deben ser reemplazados por sentimientos justos... antes de hablar con Dios.

CONFESEMOS A DIOS QUIÉNES SOMOS

Habitar en la presencia de Dios implica que no tenemos que disfrazar nuestros sentimientos. Si creemos que Dios es tan grande que es capaz de amarnos a pesar de nuestras faltas, podemos hablarle expresándole la verdad de lo que sentimos: ira hacia otros, desaliento con nosotros mismos, resentimiento hacia Él, nuestro Creador. En la presencia de Dios podemos revelar nuestra pereza, nuestro malhumor y nuestro autoenvanecimiento. Dios nos invita a una transparente confesión en cuanto a cómo fingimos ser mejores de lo que somos, a cómo eludimos servir cuando no nos conviene, a cómo nos ocupamos mejor de nuestros amigos cuando nos hacen sentir bien, a cómo enfocamos nuestras energías hacia obtener cosas: el cinturón adecuado, el perfecto equipo estereofó-

> *Habitar en la presencia de Dios implica que no tenemos que disfrazar nuestros sentimientos. Si creemos que Dios es tan grande que es capaz de amarnos a pesar de nuestras faltas, podemos hablarle expresándole la verdad de lo que sentimos: ira hacia otros, desaliento con nosotros mismos, resentimiento hacia Él, nuestro Creador.*

nico, la memoria adecuada para la computadora. La confesión es importante no porque Dios necesite la información, sino porque nosotros debemos estar dispuestos a darla. De esta manera, nuestra conversación con Dios se vuelve franca, sincera y personal.

Piense en las conversaciones famosas entre Dios y los que le obedecían. A Moisés a menudo se le critica por sus excusas de que no podía hablar en público (Éxodo 3—4), pero todos los que alguna vez han sentido temor de subir a un escenario hallarían alivio conectándose con el Dios que le ofreció apoyo al temeroso Moisés. En la conversación que Gedeón mantuvo con el ángel del Señor, Dios hizo algunas señales con el vellón para tranquilizar a este nada heroico personaje que se atrevió a contestarle a un ángel (Jueces 6.15,36). Cuando María formuló la inquietante pregunta científica: «¿Cómo puede ser esto?» (Lucas 1.34), Gabriel no se impacientó con ella. Dios no se enojó ni ofendió con estas expresiones de duda y frustración.

«Lo que es cierto en nuestras relaciones humanas también es cierto en nuestra amistad con Dios con respecto a la oración,» escribe Roberta Bondi, profesora de historia eclesiástica en el Candler School of Theology. Continúa diciendo:

> Es imperativo que seamos francos con Dios. Quiero decir que al orar no nos preocupemos de si es conveniente orar así. No nos preocupemos de si lo que estamos diciendo es digno de que Dios lo escuche, y olvidémonos de ser respetuosos. Le decimos a Dios lo que tenemos en el corazón, y le pedimos lo que necesitamos para nosotros y para otros, no para sentirnos mejor sino porque nuestra amistad con Dios lo necesita.[1]

¿NO SACAMOS DE QUICIO A DIOS?

Claro, Dios fue paciente con Moisés, Gedeón y María cuando estos preguntaron: Pero ¿quién soy yo, para...? ¿Cómo sé yo? ¿Cómo puede ser esto? Pero a nosotros nos da pena formular preguntas así. ¿Hasta dónde podemos llegar con Dios?

Preguntar no es lo mismo que desobedecer. No querer obedecerle es alejarse de la voluntad de Dios, como lo hizo Jonás (Jonás 1.3). Nosotros, al igual que Jonás, a veces no le preguntamos nada, pero calladamente nos negamos a hacer lo que Dios nos pide. Es más sabio presentar a Dios nuestras más vehementes preguntas para que pueda ayudarnos a obedecerle. Así estaremos buscando y tomando a Dios a nuestro servicio aun cuando estemos confundidos, temerosos o iracundos. Nuestra búsqueda nutrirá la pasión que nos mantiene mirando hacia Dios, hablándole a Dios y escuchando a Dios.

Pero, ¿no se enojará Dios? Al final, Él se enojó con Moisés cuando este insistió en que mandara a otro en su lugar (Éxodo 4.13-14), pero incluso entonces Dios no actuó con ira. Actuó con mucho amor, y nombró a Aarón como compañero de Moisés. ¿A qué responde Dios con ira? El ejemplo más formidable es el castigo de Israel. Dios castigó a Israel cuando se rebelaron al idealizar su antigua vida en Egipto (Números 16) y se fabricaron ídolos. El castigo de Dios es contra la impiedad y la injusticia (Romanos 1.18). Ofrecerle a Dios lo que nos irrita no es pecado, sino una manera de no caer en la impiedad. Nos ayuda a no exteriorizar la ira ni las raíces de amargura al tratar, día a día, de entregar a Dios nuestros indóciles sentimientos y nuestros malos deseos.

Es como si temiéramos molestar a Dios. Sin embargo, los salmistas expresaron con vehemencia sus temores e iras en los salmos imprecatorios (tales como los Salmos 58; 69; 109; 129; 137; 140). He aquí algunas frases de un salmo de David:

> Oh Dios, quiebra sus dientes en sus bocas;
> Quiebra, oh Jehová, las muelas de los leoncillos.
> Sean disipados como aguas que corren;
> Cuando disparen sus saetas sean hechas pedazos.
> Pasen ellos como el caracol que se deslíe;
> Como el que nace muerto, no vean el sol.
> Antes que vuestras ollas sientan la llama de los espinos,
> Así vivos, así airados, los arrebatará Él con tempestad.
> (Salmo 58.6-9)

¿Cómo pueden estas oraciones ser parte de la Biblia cuando se nos manda ser pacificadores?

Quizás nos está diciendo que uno pasa de enojado a pacificador *a través* de la ira, y no para negar que la sentimos. Orar como lo hizo el salmista es como derramar el alma ante Dios (Salmo 42.4). Nos dan permiso para desahogarnos con Dios en vez de desatar furia y venganza contra otros. Durante este proceso de unir la ira y los pensamientos para presentarlos a Dios, muchas veces sentimos convicción de pecado. Al escuchar esas palabras en el aire, hallamos contrición para decir: *Señor, perdóname por airarme así. Muéstrame cómo seguir adelante. No me abandones a mi enojo.*

Así que estos salmos se convierten en modelo de desahogo, no en oraciones de venganza. Esto nos ayuda a cumplir el mandamiento de resolver nuestro enojo antes de que se ponga el sol (Efesios 4.26), para que nuestra ira no fermente y se convierta en amargura.

No me refiero a que Dios se debe convertir en un amiguito al que llamamos para desahogarnos. Tener «temor de Dios» es sabio; sería tonto no temer a Dios, tan lleno de poder, majestad y santidad. Pero el temor a Dios saludable y activo no nos paraliza. Él no se insulta con nuestra humanidad.

Para permanecer en Cristo y deleitarnos en su presencia, tenemos que aprender a no fingir que todo anda bien. Esconder nuestro verdadero sentir estorba el desarrollo de una íntima relación con Dios. Fíjese que María y Marta no se cohibieron de expresarle a Jesús lo que sentían: «Señor, si hubieses estado aquí, mi hermano no habría muerto» (Juan 11.21,32). Fue Marta, no María, la que agregó una frase esperanzada: «Mas también sé ahora que todo lo que pidas a Dios, Dios te lo dará». María y Marta fueron rigurosamente sinceras en cuanto a lo que sentían. ¿Molestó a Jesús su sinceridad? El texto no lo dice, así que no lo sabemos. Pero no las rechazó ni buscó fustigarlas en un sermón. Después de consolarlas con palabras ciertas acerca de la resurrección, Jesús fue a la tumba y lloró públicamente, y reveló así su dolor.

Amparados por una amistad igual, podemos decirle a

Dios lo que pensamos. No tenemos que escondernos de Él cuando estamos enojados. Podemos protestar, podemos elevar emotivas oraciones suspiro, podemos encerrarnos en un armario empotrado y gritar.

A veces nuestra conversación con Dios puede como la de Ana, la madre de Samuel, cuando derramó su alma ante Dios debido a su esterilidad. ¡Lo hizo con tanta intensidad que Elí pensó que estaba ebria! (1 Samuel 1.14). O podemos tomar un receso en la vida para tener una sesión salmista que sigue el frecuente estilo de los salmistas: comenzar con frases cargadas de enojo y frustración, gradualmente contar las veces anteriores en que Dios libró, y terminar en alabanza o petición de que Dios intervenga.

De esa sesión salmista, podemos formar una oración suspiro o poner un símbolo (un balance, una vela) cerca para recordarnos la continua atención de Dios a nuestra molestia. De esta manera, la oración puede pasar de ser un acto de obediencia a un punto de alivio, y al hacerlo fortalece nuestra amistad con Dios.

TEMAS DE REFLEXIÓN
EXPERIMENTOS PARA CONSIDERAR

Piense en alguien que lo irrita. ¿Qué necesita esa persona? ¿Qué objeto en su casa o trabajo le pudiera servir de recordatorio para orar por ella?

¿Qué oraciones, pensamientos o sentimientos ha escondido de Dios?

¿De qué maneras puede la práctica de la presencia de Dios ayudarlo en las molestias de la vida?

CAPÍTULO

9

Amar a Dios en momentos de angustia

Cuando entré a la oscuridad del auditorio de la iglesia, no estaba segura de por qué había ido a aquel lugar. Mis hijos estaban participando con el grupo de jóvenes a varios edificios de distancia, y yo sentí deseos de sentarme allí a reflexionar en la preocupación que sentía en cuanto a varias de mis amistades. Al pensar en una de ellas (un hombre con una enfermedad mortal) me senté en la silla que generalmente ocupaba en el lado derecho del auditorio. Allí en la oscuridad traté de orar por él, pero no me salían las palabras. Así es que me quedé sentada allí sufriendo por él. Sentí que me encorvaba, con los codos sobre las rodillas y la cabeza en las manos, de la misma manera que él se sentaba. Sé que estaba orando por él, pero no podría decirle lo que dije.

Después de unos minutos, me dirigí a otro lugar del salón donde otra amiga se sentaba. Esta se sentía defraudada por otro miembro de la iglesia y se estaba desmoronando interiormente, pero no quería que nadie lo supiera. Me senté bien derecha como ella siempre lo hacía. Solía tener una expresión en la cara que decía: «¡Aquí vengo! ¡Cuidado!» También elevé por ella una oración sin palabras.

Finalmente me dirigí más al centro del salón y me deslicé hasta el lugar donde generalmente se sentaba un amigo que se había separado de su esposa. Siempre apoyaba el brazo contra el respaldar de la silla contigua como esperando que ella se sentara, y yo hice lo mismo. Al sentir su dolor, fue claro en mí que cada uno de ellos se sentía en alguna forma rechazado por Dios. Mi oración encontró estas palabras: «Ayúdalos a saber que tú les amas».

Fue entonces que me di cuenta que no era muy inteligente estar sentada sola en un edificio oscuro en medio de una zona dominada por pandillas. ¿Qué me había motivado a estar allí? Tanto había orado por mis amistades en las últimas semanas que una oración aquí y allá no parecía suficiente. El momento había llegado de agonizar con ellos en la oscuridad, de concentrarme en ellos de una manera particular.

Después de unos momentos salí para hacer algunos mandados, y al regresar para recoger a mis hijos, vi luz en el auditorio. En punta de pie entré, y allí se encontraba uno de los hombres por quienes había orado. Estaba tocando el piano. Vacilé, entonces me acerqué a él, me incliné y le dije: «Dios te ama desesperadamente». El rostro se le puso blanco, pero los ojos se le llenaron de lágrimas. «Eso es lo que necesito oír», me dijo.

Cuando la angustia es tan profunda que las palabras no alcanzan, conviene sentarse en ellas como Job se sentó sobre cenizas (Job 2.8). Esto es contrario a la imagen popular del cristiano como una persona victoriosa que siempre está bien y nunca se siente frustrada. Las circunstancias nunca paralizan a un supersanto; las personas jamás lo confunden. Dios parece quitarles del camino cualquier dolor o perplejidad.

Las Escrituras, por supuesto, enseñan otra cosa. David enseña:

> Cercano está Jehová a los quebrantados de corazón;
> y salva a los contritos de espíritu. (Salmo 34.18)

Y el apóstol Pablo se sentía perplejo incluso al hacer la voluntad de Dios: «Estamos atribulados en todo, mas no angustiados; en apuros, mas no desesperados; perseguidos, mas no desamparados, derribados, pero no destruidos» (2 Corintios 4.8-9).

Los momentos de angustia pueden transformarnos si ponemos de lado la autocompasión y dedicamos nuestras energías a ir tras Dios. En momentos de angustia, casi podemos sentir los suspiros del salmista:

> Como el ciervo brama por las corrientes de las aguas,
> Así clama por ti, oh Dios, el alma mía.
> Mi alma tiene sed de Dios, del Dios vivo;
> ¿Cuándo vendré, y me presentaré delante de Dios?
> (Salmo 42.1-2)

Cuando terminan las circunstancias angustiosas, el anhelo persiste y seguimos saboreando la presencia de Dios. Se ha establecido una firme amistad y queremos preservarla. A través de los períodos de espera de Abraham y los asombrosos episodios de su vida, este «creyó a Dios», lo que «le fue contado por justicia, y fue llamado amigo de Dios» (Santiago 2.23).

LA PRESENCIA DE DIOS EN EL DOLOR

Los que ven a Dios como toda dulzura y luz se sienten tentados a huir de Él en momentos dolorosos. Pero en el dolor debemos clamar a Dios:

> Como la mujer encinta cuando se acerca el alumbramiento gime y da gritos en sus dolores, así hemos sido delante de ti, oh Jehová (Isaías 26.17).

Durante las revueltas en Los Ángeles, me dolió muchísimo ver que el vecindario en que había vivido durante muchos años ardía. Me dolió el menosprecio con que mis nuevos vecinos suburbanos presuponían que todo los residentes de la zona sur-centro de Los Ángeles eran saqueadores. Mis antiguos vecinos eran personas llenas de valentía, y yo los admiraba. No me di cuenta de cuánto oraba por ellos hasta que mi esposo sonrío ante lo que llamó mi «pose de Getsemaní» frente al periódico. Inconscientemente había extendido los brazos y las manos de la misma manera que pintan a Jesús en muchos cuadros de Getsemaní. Sentía dolor por las familias de las víctimas al leer sus nombres en el periódico. Pensé en las cosas que debería cancelar para ayudar en la limpieza del vecindario ese sábado. Le supliqué a Dios que condujera a los cristianos a demostrar más compasión y gracia.

LA PRESENCIA DE DIOS EN LA TENTACIÓN

Quizás el momento que la presencia de Dios es menos deseada o temida es durante una tentación. ¿Quién quiere hablar con Dios, y mucho menos deleitarse en su presencia cuando está a punto de comerse dos grandes emparedados o de destruirle la reputación a alguien? Pero practicar la presencia de Dios durante la tentación es parte de lo que quiere decir «estad firmes» (Efesios 6.14). En la novela *Glittering Images* [Imágenes resplandecientes], el personaje llamado Charles Ashworth mostró su postura firme cuando, después de hacer una observación sugestiva a una amiga, rápidamente elevó el tono de la conversación. La mujer notó el cambio y comentó: «Dios está en el centro de tu vida, ¿no es así? No se te esfuma cuando las cosas andan bien, como lo hace con la mayoría de las personas. Él está contigo en todo tiempo, y... tú sabes que lo está».[1]

Descansar en la compañía de Dios en medio de la tentación es contar con una cuerda salvavidas de fortaleza.

Descansar en la compañía de Dios en medio de la tentación es contar con una cuerda salvavidas de fortaleza. Un conocido y yo estábamos quejándonos de una compañía para la cual ambos habíamos trabajado, cuando en medio de una frase se detuvo: «Dios está dando tirones de oreja», dijo. «No debo hablar de esta manera. Ellos hicieron lo que pudieron y lo agradezco». Su arrepentimiento a media frase modeló para mí la importancia de escuchar las observaciones de Dios y responder lo antes posible.

A veces la tentación es tan agresiva que parece desalojar la presencia de Dios. Cierta vez en que combatía contra una severa tentación, sentí la necesidad física de escapar a un sitio que reservo para deleitarme en la presencia de Dios. Armada con zapatos para caminar y un casete musical de adoración, pasé horas andando en un camino de desfiladero cercano y clamando a Dios. Tomaba manojos de arbustos y los arrojaba hacia un arroyuelo bien al fondo para mostrar mi resolución. «Estoy harta de ser tan débil. Basta ya», gritaba. «Esto te está desplazando de mi vida, Dios mío. Te quiero de regreso».

Una semana más tarde, andando en el camino de desfiladero, di un pisotón y dije: «¿Cuándo me librarás de este problema? ¿Hasta cuándo sigo con esto? Dime qué debo hacer». Como podrá imaginar, nada pasó. Seguí caminando. Al mirar a las paredes del desfiladero, pensé en mi hijo que con mucha destreza puede descender por aquellas paredes. *Yo sí que no,* pensé. *Tengo miedo, soy débil. Nunca descendería por esas paredes. Me aferraría al borde del desfiladero.*

¿Aferrarme? ¿Se aferró el salmista? La estrofa del canto de adoración resonó en mí: «Has sido mi ayuda en tiempo de necesidad, Señor, de ti me aferraré». Vi entonces que mi error había sido tratar de ejecutar piruetas para Dios, tratar de ser una cristiana inmune a las tentaciones. Solamente podría mantenerme firme ante las tentaciones si me apegaba a Dios como lo haría de las paredes del desfiladero. Así lo dijo el salmista:

> Porque has sido mi socorro,
> y así en la sombras de tus alas me regocijaré.
> Está mi alma apegada a ti; tu diestra me ha sostenido
> (Salmo 63.7-8).

FORTALEZA DE LA DEBILIDAD

En esos momentos de angustia, presentamos nuestro quebrantamiento ante Dios. Esto nos lleva hacia la meta de conocerle porque un espíritu quebrantado disuelve la pared de autosuficiencia que nos separa de Dios. Si hemos de desarrollar una amistad íntima con Dios, no podemos separarnos de Él en momentos de dolor o tentación. El vitalicio proceso de transformación incluye el que Dios nos purgue de la tendencia de dejarlo a un lado y nos atraiga a una unión con Él y a su amorosa voluntad para con el mundo.

En el Nuevo Testamento, eran los quebrantados los que iban a Jesús. Piense en la mujer que tuvo flujo de sangre por doce años. Estaba desesperada, pues había derrochado todo su dinero sin hallar cura. Se acercó a Jesús por detrás, y calladamente tocó el borde de su vestido (Marcos 5.25-34). Como ella, podemos valernos de nuestro quebrantamiento para finalmente aceptar que nuestro repertorio de trucos para afrontar la vida no es tan excelente. No hay libro de autoayuda que nos rescate. Sin más fachada de «niña buena», confesamos a Dios nuestro dolor y tentación. Nuestros fallos nos despojan de toda autoprotección, nos dejan vulnerables ante Dios, al igual que la mujer que fue curada cayó a los pies de Jesús, temblando de temor, y confesó toda la verdad ante la muchedumbre (Marcos 5.33).

Si hemos de desarrollar una amistad íntima con Dios, no podemos separarnos de Él en momentos de dolor o tentación. El vitalicio proceso de transformación incluye el que Dios nos purgue de la tendencia de dejarlo a un lado y nos atraiga a una unión con Él y a su amorosa voluntad para con el mundo.

Quizás pueda aceptar que encontramos unión con Dios en tiempos de irritación y angustia, pero se pregunta qué tiene que ver eso con deleitarnos en la presencia de Dios. El deleite viene de recibir placer, pero también de apreciar los beneficios profundizando nuestra intimidad. Cuando confesamos nuestras faltas al Señor, podemos deleitarnos en su presencia porque sabemos que el amor de Dios nos cubre a pesar de nuestras fallas. No hay otro que nos entienda, ame o estimule más que Él. Esta amistad íntima no nos quita el dolor ni la tentación, pero nos da la fortaleza para mantenernos firmes.

TEMAS DE REFLEXIÓN
EXPERIMENTOS PARA CONSIDERAR

¿Bajo cuáles circunstancias siente la mayor tentación de dejar de hablar con Dios? Si le hablara bajo esas circunstancias, ¿qué quisiera escuchar de Él?

¿Se ha sentido alguna vez perplejo ante Dios (o por lo que ocurría en el mundo)? ¿De qué manera expresó esa confusión ante Dios? ¿Cómo puede hacer lo mismo en el futuro?

¿Cuál, si es que hay alguna, de las frases que siguen expresan la angustia que alguna vez sintió?

> Ten misericordia de mí, oh Jehová, porque estoy en angustia;
> Se han consumido mis ojos, mi alma también y mi cuerpo.
> Porque mi vida se va gastando de dolor y mis años de suspirar;
> Se agotan mis fuerzas a causa de mi iniquidad, y mis huesos se han consumido.
> Mas yo en ti confío, oh Jehová
> Digo: Tú eres mi Dios.
> En tu mano están mis tiempos;
> Líbrame de las manos de mis enemigos y perseguidores.
> Haz resplandecer tu rostro sobre tu siervo;
> Sálvame por tu misericordia.
> No sea yo avergonzado, oh Jehová, ya que te he invocado (Salmo 31.9-10,14-17).

CAPÍTULO

10

Disfrutar a Dios entre los grandes momentos

Carol no quería hablar de la oración. Cuando Margaret, su mentora, le preguntó si tenía momentos de quietud o lugares que parecieran seguros y cerca de Dios, Carol decía entre dientes que no oraba lo suficiente y que no oraba bien. Margaret trató de hacer reaccionar a Carol diciéndole que tenía momentos en los cuales sus oraciones parecían mecánicas y vacías, pero aun así podía presentir que Dios estaba cerca y que la oración parecía real.

Ante esta afirmación, Carol respondió: «Yo oro en la autopista de Connecticut. Uso las casetas de peaje como marcadores». Su viaje diario era un tiempo de oración, y cada caseta de peaje era un recordatorio para orar por otro tópico, pero sentía que ese tiempo de oración no valía. Pensaba que debía estar haciendo algo más espiritual, y que a su viejo Toyota no llenaba los requisitos como lugar santo.[1]

Cuando Dios se convierte en un compañero constante, todo rincón de la vida está ocupado por una sensación de la presencia de Dios. Hay tanto que decirle a Dios y tanto que escucharle decir que ya no resulta aburrido esperar un turno. Hasta llenar el tanque de gasolina del automóvil presenta posibilidades de conversación con Dios:

- «Gracias porque hay suficiente combustible a precio razonable».
- «Ayuda a los países en desarrollo a que encuentren maneras de tener mayores recursos».
- «Cuida a las personas con que comparto la carretera: el ejecutivo distraído, el padre desalentado y el joven entusiasmado».

Cuando a propósito se busca disfrutar la presencia de Dios se invita a Dios a que invada todos los momentos intermedios de la vida. Cualquier lugar, hasta el baño, puede ser un lugar santo. Una amiga que ha sufrido mucho dolor a causa de la endometriosis encuentra que el baño es el mejor lugar para interactuar con Dios. Allí, doblada de dolor, le es posible decir lo que necesita decir y encontrar solaz.

Las oraciones sin planear llenan nuestra vida. El autor y ministro Frederick Buechner las describe: «La exhalación que brota de nuestro ser como si fuera la de una muchedumbre en un 4 de Julio [día de la independencia] cuando un fuego artificial explota sobre el agua. El dolor que sentimos ante el dolor de otro. La alegría por la alegría de otro. Cualquier palabra o sonido que usted use cuando suspira por cuestiones de su propia vida. Todo esto son oraciones en camino».[2]

VIVIR EN EL PRESENTE

Los momentos intermedios generalmente se consideran una transición de poca importancia durante los cuales nada sucede. Nuestra cultura está tan adicta a la productividad que un momento no tiene valor si no estamos terminando una tarea o recibiendo una nueva percepción. Es como si lo importante estuviese ocurriendo en otro lado, y nosotros tuviésemos que salir a hallarlo.

No es así. Desarrollar ojos para las cosas eternas nos ayuda a entender que incluso cuando nada parece estar ocurriendo,

Dios igual se deleita en nosotros y trabaja para nuestra redención. Un momento no es más importante que el siguiente. Por ejemplo, ahora entiendo que las horas y los días antes de hablar en una conferencia en las que oro por los presentes son tan importantes como los momentos que estoy frente a la gente hablando. Esos momentos de oración enfocada cambia a los presentes y lo que oyen. Fortalecen en mí la percepción del propósito de Dios, y consecuentemente hablo con una mayor aspiración y determinación.

Al estar más conscientes de la compañía de Dios, damos más atención al momento presente. Nuestro problema no es la falta de tiempo, sino el no valorizar el momento y no ver a Dios en acción. Saborear el momento presente en vez de vivir en el pasado o emborracharnos con el futuro abre nuestros oídos a escuchar lo que Dios pueda estar diciéndonos.

Desarrollar ojos para las cosas eternas nos ayuda a entender que incluso cuando nada parece estar ocurriendo, Dios igual se deleita en nosotros y trabaja para nuestra redención. Un momento no es más importante que el siguiente.

Vivir en el momento presente implica valorizar el proceso de la vida al igual que los productos de ella. Cuando planto una *magenta bougainvillaea* no solo estoy añadiendo belleza y color al jardín, sino también gozándome en interactuar con la creación de Dios. Saboreo la presencia de Dios al desmoronar la tierra entre mis dedos, al encontrar rocas y gusanos, y comprobar lo ásperas que se ponen mis cutículas.

Una creciente amistad con Dios nos ayuda a deslizarnos a través de la vida a un ritmo parejo en vez de al ritmo de las circunstancias. Se dice del Hermano Lawrence que «nunca fue apresurado ni holgazán, pero hacía cada cosa en su momento, con una pareja e ininterrumpida compostura y tranquilidad de espíritu».[3] De esa manera podemos sintonizar las palabras de la perla de gran precio en medio de las joyas de fantasía de los mensajes de urgencia.

¡Vamos! podrá pensar alguien. *A veces me quedo tan en blanco que ¿cómo pueden esos momentos intermedios ser tan importantes?* Tratar de mantener constantemente un alto nivel emocional o de lucidez no es importante. En los momentos cuando la mente está ensombrecida y el corazón tibio, podemos concretar la valiosa tarea de descansar en la presencia de Dios. Dios mostró la importancia del descanso al no trabajar el séptimo día de la creación, y garantizó que nuestros corazones pueden descansar en su presencia (1 Juan 3.19). Es más, su presencia es una fuente de descanso: «Mi presencia irá contigo y yo te daré descanso» (Éxodo 33.14). Una y otra vez, Dios usa imágenes relacionadas con descanso para describir su relación con nosotros: hemos de morar en Cristo (Juan 14.4-10); la iglesia se edifica para ser morada de Dios (Efesios 2.22); Dios era el lugar donde se refugiaba Israel (Salmo 90.1). Descansar en la presencia de Dios —acostarse bajo el sol, dormir una siesta, soñar sentado en nuestro escritorio— es otra manera de hacer de Dios nuestro hogar (Juan 14.23).

RITMOS DE LA MAÑANA Y DE LA NOCHE

Habitar en Cristo produce un ritmo propio más fácilmente cuando es propulsado por patrones matinales y nocturnos. Donald G. Bloesch escribe: «Lutero sugirió que la oración debía ser "el primer asunto en la mañana y el último antes de dormir". Aconsejó: "Cultiva el hábito de dormir con el Padrenuestro en los labios cada noche al acostarse y cada mañana al levantarse. Y si la ocasión, el lugar y el momento lo permiten, ora antes de hacer cualquier otra cosa"».[4]

Una recomendación de cautela con respecto al ritmo del cuerpo es oportuna. Muchos de los que somos nocturnos despertamos con lentitud, y nos sentimos inmerecidamente culpables por no pensar en Dios cuando despertamos. Probablemente tendremos que iniciar el día cansinamente con un simple reconocimiento de la presencia de Dios. Al avanzar la mañana, podemos ofrecerle al Señor la agenda del día, los riesgos, los momentos cargados de emoción, las tareas aburridas: «Cada mañana coloco las piezas de mi vida en el altar y espero que descienda fuego».[5]

Los momentos a solas antes de dormir son ideales para preguntar: ¿Dónde estuvo Dios hoy? También es un momento ideal para resonar con gratitud en el día, al recordar tareas, sonrisas de aceptación, encantadoras historias. Podemos dar gracias a Dios por Dios y su perenne compañía durante el día.

En vez de sentirnos culpables si «nos quedamos dormidos con Dios», podemos decir que Dios puede dar descanso. El Hermano Lawrence decía: «Los que tienen la algazara del Espíritu Santo siguen adelante, aun al dormir».[6] La letra de los himnos y cantos de alabanza pueden resonar en nuestros pensamientos a través de la noche y continuar su ritmo al despertarnos.

RITMOS A TRAVÉS DEL DÍA

Entre la mañana y la noche, durante todo el día, ocurren pequeños sabáticos. Algunas tradiciones cristianas han estructurado estos sabáticos en siete momentos de oración a lo largo día. Estos son llamados Oficio Diario, y los salmos se ofrecen como oraciones.[7] (El término *oficio* se deriva de la noción de que la oración es trabajo nuestro.) Basado en el versículo que dice «siete veces al día te alabo a causa de tus justos juicios» (Salmo 119.164), el Oficio Diario ocurre en momentos como al salir el sol, a las seis y nueve de la mañana, al mediodía, a las tres de la tarde, al atardecer (o al finalizar el día) y antes de dormir. Estos momentos de oración «marcan el día, al corresponder a los ritmos naturales de la vida y a los hechos históricos de la vida de Cristo».[8] Quizás queramos seguir esa tradición o encontrar nuestros propios sabáticos

> *La amistad con Dios no es solo posible, sino que es la voluntad de Dios: «Ya no os llamaré siervos, porque el siervo no sabe lo que hace su señor; pero os he llamado amigos, porque todas las cosas que oí de mi Padre, os he dado a conocer» (Juan 15.15).*

dentro del ritmo natural de nuestra vida: antes de levantarse, al estacionar el automóvil al llegar al trabajo, en los recreos, al mediodía, en la cena, al cambiar de una tarea a otra. Cada transición es un momento ideal para hacerle un comentario a Dios («¡Ya no más reuniones!»), o presentarle una petición («Ayúdame a recordar...») o una pregunta («¿Cómo puedo mostrarle amor a esa persona?»).

Es fácil comprender por qué son salmos los que se usan en el Oficio Diario. Esos concisos y nada complicados pasajes nos enseñan los patrones de una verdadera conversación celestial.

- son efervescentes en acción de gracias por rescatarnos de alguna circunstancia difícil;
- honran y aplauden a Dios por su amor inexorable, su poder silencioso y su misteriosa majestad; o
- escurren del alma la ira y la angustia.

Estas son cosas que los amigos hacen juntos, ¿no es así? La amistad con Dios no es solo posible, sino que es la voluntad de Dios: «Ya no os llamaré siervos, porque el siervo no sabe lo que hace su señor; pero os he llamado amigos, porque todas las cosas que oí de mi Padre, os he dado a conocer» (Juan 15.15).

Conocemos que tenemos un verdadero amigo cuando podemos pasar juntos un tiempo sin hacer nada en particular y sin decir nada inteligente. Basta con estar juntos. Tener una amistad con Dios significa hallar relajamiento con Él y gozar de su compañía en los momentos intermedios de la vida.

TEMAS DE REFLEXIÓN
EXPERIMENTOS PARA CONSIDERAR

¿Cuáles momentos intermedios de su vida son los más aburridos?

¿Tiene un ritmo de oración establecido, un momento de desahogo en el día cuando susurra oraciones informales?

Trate de usar estas oraciones matinales del devocional de John Baillie, *A Diary of Private Prayer* [Diario de oraciones privadas], al despertarse:

- Mas no me permitas, cuando pronuncie esta oración matinal, creer que mi adoración terminó y continuar el día olvidado de ti. Permite que de estos momentos de quietud salga luz que continúe además de gozo y poder, para que permanezca conmigo a través de todas las horas del día».[9]
- «Permite que cada hora [de este día] pueda estar cerca de ti».[10]

CAPÍTULO

11

Preguntas a Dios

Tomando el consejo de un sabio maestro, le pregunté a Dios: «¿Qué necesito saber?» Le formulé esta pregunta a Dios mientras sentada en una hamaca del patio de mi casa, dispuesta a estar atenta los próximos minutos, horas o días. Esa noche soñé con un familiar que estaba enojado. Había conversado con ella mucho, tratando de que arreglara esos sentimientos, pero no quería saber nada del asunto. En mi sueño, estaba irritada con ella cuando de repente pasó a mi lado en patines de hielo, sonriendo y saludando. En el sueño le pregunté a Dios: «¿Va a estar bien? ¿Debo dejar de preocuparme por ella?» Otra vez pasó junto a mí y todavía me saludaba.

Le conté a mi esposo el sueño a la siguiente mañana, y llegamos a estar de acuerdo de que me había escapado a alguna nebulosa mental. También estuvimos de acuerdo en que debía dejar de empeñarme tanto en ayudarla. Quizás había estado tratando de «componerla» cuando en realidad tenía que arreglarse con Dios. ¿Podía yo confiar en Dios?

Ese día era el Día de las Madres, y nuestra iglesia repartió marcadores de libros a las mujeres presentes. Las mujeres que estaban a mi alrededor recibieron un marcador con unos dibujos muy interesantes, pero el mío solamente decía: «Suéltalo y déjaselo a Dios». Después de la iglesia, hablé con una amiga cuyo esposo estaba moribundo, y me dijo que ella lo ayudaba más si no se empeñaba tanto en ayudarlo. Todo lo que me rodeaba me decía: ¡Déjala en paz!

No sé si estos eran mensajes de Dios, pero tampoco sé si no lo eran. Lo que sí sé es que las preguntas que formulamos a Dios nos permiten escuchar verdades que de otra forma no escucharíamos. Podemos contemplar lo que Dios nos está diciendo ese mismo día o en los últimos años. El día antes de formular mi pregunta estaba preocupada por el enojo de mi familiar. Después de elevar la pregunta, me sentí lista para hablar con mi parienta si me necesitaba, y confiar en que Dios hiciera el resto.

LAS PREGUNTAS MEJORAN LAS RELACIONES

Preguntar a Dios es parte importante de nuestra relación con Él. Va en contra de lo que hemos aprendido en nuestra cultura acerca de ser autosuficientes. Se espera que encontremos la respuesta nosotros mismos: investigar la realidad, evaluarla y buscar soluciones definitivas. Pero a medida que nos hacemos compañeros de Dios, comprendemos que el conocimiento humano es finito y limitado. Reconocemos que no podemos encontrar todas las respuestas, y que es el aporte de Dios lo que ofrece luz y calor a lo que de otra forma sería conclusiones mediocres. La sumisión a Dios nunca es fácil de aprender, pero cuando comenzamos a elevarle preguntas a Dios, nos embarcamos en un estilo de vida radicalmente distinto.

Temprano en su carrera, el rey David del Antiguo Testamento no se detenía en preguntarle al Señor. Una vez en que los filisteos parecían listos para atacar a Israel, David le pidió a Dios una respuesta. La respuesta obvia era: atácalos o por lo menos prepárate para defender a Israel. Pero cuando le preguntó, Dios no solo le dijo a David que atacara sino que rodeara a los filisteos y los atacara desde enfrente de las balsameras, y que cuando oyera ruido como de marcha por las copas de las balsameras, debía moverse enseguida, porque Jehová saldría de delante de él a herir el campamento de los filisteos (2 Samuel 5.23-24). Debe haber sido muy emocionante participar en algo en lo que Dios, nuestro compañero, va delante haciendo el trabajo más pesado. El molestarse uno en consultar a Dios enfoca y refina lo que nos dice el sentido común y lo impregna del poder y propósito de Dios.

En cualquier momento podemos lanzar dos o veinte preguntas al aire: ¿Es una compra sabia? ¿Cómo puedo ser una mejor amiga para mi madre anciana? ¿Cómo debo tratar a este socio en los negocios que me asusta un poco?

La pregunta *¿Qué necesito saber?* puede ser contestada de varias maneras. Dios puede hacer que la nueva información sea clara o puede simplemente ayudarnos a deducir exactamente cuál es la información que debemos buscar. Otras veces, Dios nos recuerda lo que ya sabemos. Una vez, cuando estaba tratando de evitar cruzarme con cierta amistad, le pregunté a Dios: «¿Qué necesito saber... que probablemente ya conozco?» Unos días después, al bromear con mi esposo en cuanto a que estaba mirando demasiado fútbol en la televisión, me dijo: «¿Qué de ese dicho que tanto te gusta: "Yo mantengo limpio mi lado de la calle y tú mantienes limpio el tuyo"?» Sus palabras se me quedaron y me recordaron la sabiduría que necesitaba al tratar con aquella amistad. Sus conceptos en cuanto a asuntos sociales eran distintos a los míos y, para ser sincera, yo quería que cambiara de opinión. Pero sus opiniones eran «su lado de la calle». Mi lado de la calle era hablar en el momento apropiado, pero no para hacerla cambiar de opinión.

Otra pregunta clave para hacerle a Dios es: ¿Qué viene ahora? En vez de vagar sin metas o esforzarse por alcanzar metas que nos hemos impuesto, puedo preguntar: ¿A qué puedo dirigir mi atención? ¿Cuál de esos veintiséis libros apilados en mi mesa de noche debería leer?

Frank Laubach escribió: «Cuando le preguntamos a Cristo: "¿Qué viene ahora?", nos sintonizamos con Él y le damos la oportunidad de instilar sus ideas en nuestra encendida imaginación».[1] Para promover esta práctica, una escuela del Medio Oeste de los Estados Unidos ofreció a sus profesores un contrato de solo un año, sin importar la cantidad de años que habían trabajado con ellos antes. Buscaban que sus profesores permanecieran abiertos a las posibilidades que Dios les ofreciera, y que siguieran preguntándole: ¿Qué viene ahora?, en vez de dar por sentado que conocen la respuesta.

A medida que nuestra relación con Dios crece en intimidad, nos sentimos más libres de hacer las preguntas difíciles. Muchas veces el salmista comenzaba preguntando: «¿Hasta cuándo...?» o «¿Por qué...?»

- ¿Por qué la vida es como es? («¿Por qué se amotinan las gentes, y los pueblos piensan cosas vanas?» [Salmo 2.1])
- ¿Por qué eres de la manera que eres? («¿Por qué estás lejos, oh Jehová, y te escondes en el tiempo de la tribulación?» [Salmo 10.1])
- ¿Por qué haces lo que estás haciendo? («¿Por qué, oh Dios, nos has desechado para siempre? ¿Por qué se ha encendido tu furor contra las ovejas de tu prado?» [Salmo 74.1])

Cuando las respuestas a estas preguntas nos evaden, necesitamos hacer una pregunta más fundamental, ¿Qué es lo que en mí necesita cambiar? Las respuestas a nuestra pregunta original no tendrán sentido porque necesitamos crecer en humildad, generosidad o dominio propio. El hacer esta pregunta fundamental ayuda a que podamos cooperar con Dios en transformar nuestro carácter.

SOLTEMOS LAS RIENDAS

Este tipo de cuestionamiento no insiste en una fecha límite para sus respuestas. El beneficio de hacer estas preguntas no es tanto obtener respuestas como abrir un diálogo y fortalecer la relación con Dios. Madeleine L'Engle comunicó esta verdad a través de una conversación entre dos personajes ficticios, una adolescente y su madre.

> Susy todavía parecía enojada.
>
> —La oración no impidió que a Jeb lo arrollara una motocicleta. Tampoco impidió que el abuelo tuviera leucemia.

—La oración no es un acto de magia —dijo la mamá.

—Entonces, ¿para qué nos molestamos en orar? —replicó Susy enfurruñada.

—Porque es un acto de amor —insistió la madre.[2]

En nuestra conversación amorosa con Dios, dejamos preguntas sobre la mesa, esperando el tiempo que sea necesario por impresiones, convicciones, claridad de pensamiento, entendimiento apacible o palabras alentadoras de otros.

Todo ese preguntar, buscar y golpear puertas de cierta forma moldea nuestros deseos. Por ejemplo al preguntarnos *¿Debo matricularme en esa clase?*, varias dinámicas se ponen en funcionamiento. Primero, proporciona la oportunidad de que la conciencia hable. ¿Es este un buen uso de esos fondos? ¿No habrá oportunidades de aprendizaje más económicas? Nos empuja también a examinar nuestras pasiones, que, si estamos en compañía de Dios, lentamente están siendo invadidas por el Espíritu Santo. ¿Tiene algo que ver esta clase con los deseos que Dios nos ha puesto en el corazón? ¿Estamos considerando esto porque pensamos que tiene relación con algún trabajo hacia el que Dios nos está dirigiendo? ¿Estamos echándonos encima el trabajo de ir a esta clase para estar tan ocupado que no podamos notar las relaciones que debemos reparar? Estas preguntas que fortalecen el carácter y moldean la vida fluyen de una simple planificación de preguntas dirigidas a Dios.

> *A medida que nuestra confianza en la presencia de Dios crece, nos permitimos vivir nuestras vidas en la forma de un gran signo de interrogación.*

Las idas y venidas de este forcejeo con Dios a la larga resulta en un corazón que confía en Dios. «Aprendemos a pedirle a Dios que piense sus pensamientos en nosotros», escribió Frank Laubach. «En vez de decirle a Dios lo que queremos de Él, le preguntamos qué quiere Él de nosotros».[3] Tratamos de alinearnos con la voluntad de Dios en vez de tratar de convencerlo de que lo que queremos es una gran idea.

En mi primer año en la universidad, tuve una amiga mayor

que yo que oraba que las relaciones con su novio terminaran si no iban a mejorar su relación con Dios. Yo estaba sorprendida. ¿Por qué pedirle a Dios que entorpeciera algo bueno? Pero noté que ella confiaba en Dios en una forma en que yo no lo hacía. Ella sabía lo que significaba luchar con Dios —preguntarle cosas, buscar sus caminos— y podía confiar en Él hasta el punto de entregarle a su amado sin reservas. Yo no había experimentado una relación con Dios de tal magnitud, y esa manera de poner las cosas en las manos de Dios me asustaba.

A medida que nuestra confianza en la presencia de Dios crece, nos permitimos vivir nuestras vidas en la forma de un gran signo de interrogación.

ESPERANZA ACTIVA

Después de preguntar, esperamos respuesta en la manera tradicional de quienes han visto cumplidas las promesas de Dios. Abraham y Sara esperaron que naciera su hijo; José esperó que sus sueños cobraran coherencia; Rut y Noemí esperaron en pobreza por un redentor generoso. Esperar no es tan terrible, aburrido ni irritante si Dios nos acompaña.

Además, este tipo de espera no es pasivo. Es despierto, activo y receptivo, lleno de energía y comprometido. De la misma manera que se nos recuerda estar despiertos y alertas en cuanto a la Segunda Venida, necesitamos mantenernos despiertos y alertas en cuanto a la presencia de Dios en los hechos que suceden a nuestro alrededor. El escenario está listo y los actores a la espera. Cuando Dios levanta el telón, no nos sorprendemos... o por lo menos no demasiado. Dallas Willard escribe: «Dios quiere que lo deseemos, y que lo deseemos tanto que estemos *listos*, predispuestos, a encontrarlo presente con nosotros».[4]

Esperarlo activamente nos da oídos para oírle. Si alguien me hubiera dicho que no me preocupara por la enojada parienta que mencioné antes en este capítulo, hubiera dicho: «Sí, sí, ajá, ya lo sé». Pero al preguntarle a Dios lo que necesitaba saber, preparó mis oídos para escuchar la verdad que mi mente ya reconoce pero que mi corazón no quiere obedecer.

Estar alerta a las posibles respuestas a nuestras preguntas nos da sabiduría para ver lo que de otra forma se nos escabulliría. Las coincidencias santas se producen. Las Escrituras que pasamos por alto ayer hoy parecen gritar nuestro nombre. Hay información que aparece de golpe en los libros que estamos leyendo. Los extraños comentan cosas que responden preguntas que no sabían que habíamos formulado. Los hechos que parecen ocurrir por casualidad encajan en los planes de Dios para la educación de nuestras almas. Lo que aparenta ser una catástrofe resulta ser una zarza ardiente por la cual nos habla Dios. Los demás nos dicen que la batalla está perdida, pero la presencia de Dios nos enseña a verlo a Él en todas partes, como Elías, que fue el primero en ver en los montes los carros celestiales listos para la victoria (2 Reyes 6.16-17).

El proceso de formularle preguntas a Dios es similar a cuando, como estudiante de secundaria, uno pensaba en tener una conversación con el único maestro que entendía. Uno recogía sus libros, miraba la puerta abierta del maestro y se preguntaba: *¿Debo preguntarle a esta persona lo que debo hacer? ¿Puedo confiar en esta persona?* Dios es el Maestro que nunca está ausente, ocupado ni hastiado de tantos muchachos. Este Maestro se deleita en nuestras preguntas y podemos contar con que nos da lo que necesitamos.

TEMAS DE REFLEXIÓN
EXPERIMENTOS PARA CONSIDERAR

¿Cuál sería una buena oración suspiro para que usted y Dios supieran que usted está alerta y activamente a la espera de respuestas a sus preguntas?

Trate de preguntarle a Dios: «¿Qué necesito saber que ya conozco?» y vea lo que pasa.

¿Cuáles son algunos de los ruidos en el mundo que le confunden? Ore conmigo las palabras de John Baillie:

Señor que estás en mí, dame hoy la gracia para reconocer el mover del Espíritu Santo dentro de mi alma y escuchar con atención todo lo que tienes que decirme. No permitas que los ruidos de este mundo me turben tanto que no escuche tu voz.[5]

CAPÍTULO

12

Soñar los sueños de Dios

Cuando Hudson Taylor, misionero a China, regresó a Inglaterra en 1874, se vio frente a la posibilidad de no poder volver a caminar. Por muchos meses estuvo acostado de espaldas, pues solo podía moverse de un lado a otro asiéndose de una soga que colgaba por encima de él. Postrado en su debilidad, no podía escribir cartas, pero podía dictarlas. Con un mapa de China en la pared a los pies de su cama, oraba y planeaba obras dignas de Dios. Bajo estas condiciones Taylor lanzó la proclama de que se necesitan dieciocho personas para entrar en las nueve provincias desocupadas de China.[1]

Al pasar tiempo con una persona, sus sueños comienzan a presentirse. En conversaciones diarias con Dios, comenzamos a entender sus sueños para nosotros. Este proceso comienza al formular uno las siguientes importantes preguntas: *¿Qué vendrá ahora? ¿Qué sueñas de mí? ¿A qué de lo que estás haciendo en este mundo debo unirme?*

Hudson Taylor entendió lo que Dios soñaba con él al establecer una rápida amistad con Dios. Adoptó varias frases de las Escrituras usándolas como lemas personales, frases que a su vez utilizaba como oraciones suspiro: Ebenezer (hasta aquí nos ayudó Jehová [1 Samuel 7.12]); Jehová Jiré (El Señor proveerá [Génesis 22.14]); Jehová Nisi (El Señor es mi estandarte

[Éxodo 17.15]).[2] Una vez que supo lo que Dios soñaba en cuanto a él, lo colocó en la pared frente a su cama. Nada, ni la enfermedad, podía impedir que soñara con evangelizar el interior de la China.

Taylor también es un buen ejemplo de cómo amar a Dios y cumplir los propósitos de Dios son inseparables. A medida que nuestro amor por Dios crece, sus intereses se convierten en nuestros intereses: la evangelización del mundo, ser hacedores de paz, ministrar al pobre y al oprimido. Esto significa dejar de lado nuestra agenda personal y adoptar la agenda de Dios. Por ejemplo, un líder de una iglesia comprende que las metas de crecimiento de la iglesia en realidad tienen que ver con él: edificar una iglesia mejor y más grande. Por tanto, cambia de método y el enfoque que lo impulsaba. En vez de ampliar la organización, busca maneras de equipar la iglesia para hacer lo que Cristo hizo en la tierra: predicar el evangelio y ayudar al que sufre.

A medida que nuestro amor por Dios crece, sus intereses se convierten en nuestros intereses: la evangelización del mundo, ser hacedores de paz, ministrar al pobre y al oprimido.

Cuando buscamos los sueños de Dios con nosotros, lo que hacemos y lo que oramos cambia. Orar por un mejor estacionamiento puede comenzar a parecernos egoísta y se nos ocurre pensar que el tiempo que pasamos de tienda podríamos utilizarlo para servir a Dios en su agenda de justicia, misericordia y fe (Mateo 23.23). ¿Necesitamos una camisa nueva o debemos pasar un tiempo a solas con Dios, o almorzar con una amistad en necesidad, o ayudar al vecino a cortar la hierba? Muchos de nuestros días comienzan con preguntas similares a estas: ¿Cómo encajan tus propósitos conmigo en la agenda de hoy? ¿Estoy enfocado en los sueños que me pusiste delante? Los sueños del mundo —comprar más, lograr más, que nos elogien más— desaparecen.

¿ES LA VOLUNTAD DE DIOS UN ROMPECABEZA?

El buscar la voluntad de Dios se ha vuelto bastante difícil para algunos en esta época. ¿Debo tomar ese empleo en la otra punta del país? ¿Debo dirigir ese grupo de estudio bíblico en la iglesia? Es como si creyéramos que Dios funcionara como los semáforos con luz roja o verde.

Vi este dilema claramente cuando alguien que frecuentemente le habla a grupos me dijo que cuando la invitan a dar una charla, ora antes de dar una respuesta. Me sonó espiritual, pero ¿recibe un definitivo si o no de parte de Dios? No exactamente, me dijo, pero explicó que espera y ora porque en una oportunidad aceptó una invitación para hablar sin orar antes, y al poco tiempo recibió otra invitación a dar una conferencia el mismo día por más dinero. «¿Ve?» me dijo. «Si hubiera orado, hubiera dicho que no y hubiera ido a la segunda conferencia». Esta manera de pensar reduce la oración a una especie de amuleto para conseguir lo que queremos. No tiene en cuenta las conversaciones que mantenemos con Dios acerca de sus propósitos y sueños con nosotros y lo reduce a una máquina expendedora: ponemos la moneda de la oración y recibimos un producto que nuestra actual cultura estima de valor: más dinero, éxito, prestigio. Pero eso es para buscadores de premios. Nosotros buscamos a Dios.

Discernir los propósitos de Dios con nosotros puede ser mucho más sencillo. El propósito general de Dios es que las personas conozcan a Cristo. Dentro de ese gran sobre están los sueños que Dios tiene con cada uno de nosotros y las versiones momento a momento de ese sueño. Abrimos ese sobre cada día y sintonizamos los detalles de las conversaciones con Dios hasta que tenemos la sensación de que Dios nos toma con una mano mientras estira la otra mano hasta perderse en su voluntad.[3]

¿Cómo nos dirige la mano de Dios? La constante interacción con Dios nos cambia el carácter y los deseos. Interrogar a Dios y pensar sus pensamientos nos transforma de personas que hacen actos de compasión a personas que *son* compasivas

(Miqueas 6.8). Mostrar compasión no es una acción aislada, sino un elemento de nuestro carácter.

Al deleitarnos en la presencia de Dios, Él nos prepara para tomar decisiones. En momentos de soledad rendimos nuestras metas, tiempo, vocaciones y servicio mientras oramos: «Muéstrame lo que estás haciendo aflorar en mí». Detenemos aun las actividades buenas que al parecer Él ha dirigido para poder examinar nuestros motivos.

Entonces, en momentos intermedios al parecer profanos, los temas salen a relucir. Las verdades de Dios así como otras necesidades nos mandan señales y hasta nos invaden el pensamiento en la bañera, en el auto, en la ferretería. Una parte nuestra lleva cuenta de los suaves toques de esa apacible vocecilla: «Tu hijo necesita...» «Tu iglesia necesita...» «Tu corazón necesita...» Entonces las decisiones no son tan difíciles, sino que se basan en la cuenta. ¿Cómo se ajusta esta decisión a las conversaciones que hemos mantenido con Dios? ¿Qué nos ha estado revelando Dios últimamente? La oración en que se pide dirección es más fácil: *Creo que esto es lo que me estás diciendo, Señor. Muéstrame si estoy equivocado.* Más espera, más búsqueda.

Al experimentar una continua interacción con Dios —especialmente cuando expresamos nuestro dolor y angustia— Dios hace tan claras estas «responsabilidades especiales» que creemos que las pensamos nosotros mismos. Permite que lo que le preocupa a Él también nos preocupe a nosotros.

CUANDO SE EXPLORAN LOS PROPÓSITOS DE DIOS

Nehemías era bueno investigando los propósitos de Dios y siguiéndolos. Después de llorar, hacer duelo y ayunar tanto por los muros destruidos de Jerusalén que su jefe le dio tiempo para que investigara la destrucción, Nehemías viajó desde Babilonia a Jerusalén para inspeccionar de noche los muros. Dijo: «No declaré a hombre alguno lo que Dios había puesto en mi corazón que hiciese en Jerusalén» (Nehemías 2.12). A través de esta aventura en administración de obras de construcción, maniobras políticas y arengas, Nehemías oraba (Nehemías 2.4; 4.4,9; 5.19; 6.9,14), y encontró energía y visión para superar obstáculos.

Como Nehemías, podemos conocer los sueños de Dios escuchándole hablar de sus propósitos en la tierra. «La Amorosa Presencia no nos carga de igual manera con todas las cosas», escribió Thomas Kelly, «pero deliberadamente pone sobre nosotros solo algunas tareas básicas, como responsabilidades categóricas. Para cada uno de nosotros estas *responsabilidades especiales* son nuestra participación en las gozosas tareas del amor».[4]

Al experimentar una continua interacción con Dios —especialmente cuando expresamos nuestro dolor y angustia— Dios hace tan claras estas «responsabilidades especiales» que creemos que las pensamos nosotros mismos. Permite que lo que le preocupa a Él también nos preocupe a nosotros. Una oración como la de Bob Pierce, fundador de World Vision, se convierte en una letanía: «Que mi corazón se quebrante con las cosas que quebrantan el corazón de Dios».[5]

¿Qué quebranta nuestro corazón que quebranta también el corazón de Dios? ¿Que las adolescentes embarazadas parecen tan desvalidas? ¿Que la Palabra de Dios es mal interpretada demasiado a menudo? ¿Que hay tanta gente que no ha sido alcanzada por el evangelio? Sus respuestas a esas preguntas revelan sus «responsabilidades especiales». No importa que para los demás no tengan importancia si son el propósito que Dios puso en usted. Richard Foster aconseja: «Si tienes un sentimiento de compasión, esa es una de las más claras indicaciones de parte del Señor, en el sentido de que tal caso es un proyecto de oración para ti».[6] Y un proyecto de oración crece hasta que uno no puede pasar un día sin participar en él de alguna manera.

Hudson Taylor sabía que su «responsabilidad especial» era reclutar misioneros para penetrar el interior de la China. Algunos pensaron al principio que la empresa era tonta y trataron de desacreditarlo. Cuando después se consideró que su trabajo era un éxito, le ofrecieron otras oportunidades, pero se mantuvo firme en los propósitos que Dios le había señalado.

En los últimos años Dios me ha señalado con claridad en qué asuntos suyos debo concentrarme porque me han partido el corazón: ayudar a otros a profundizar su relación con Dios, interceder por los pobres y oprimidos, ayudar a sanar heridas del pasado, ministrar a familias de pastores y exhortar a la iglesia norteamericana a enfocarse en los propósitos y no en la ostentación.

Cuando se me pide que sirva o hable o escriba un artículo o libro, todavía siento la tentación de tomar la decisión basada en dinero y prestigio, pero estoy aprendiendo a decir que no, si no encaja en los propósitos que Dios puso delante de mí. Cuando me pidieron que dirigiera el ministerio para mujeres en la iglesia, no lo tomé pero comencé a dirigir un grupo de apoyo. Cuando me pidieron que hablara de la organización del tiempo, no lo acepté pero acepté hablar en un retiro dedicado a acercar a la gente a Dios. El ministerio para la mujer y el aprender a organizar el tiempo son importantes, pero debo concentrarme en lo que creo que Dios me está llamando a hacer. Cuando actuamos así, Dios no es un semáforo con luces verdes y rojas, sino una llama constante que ilumina la visión que nos ha dado.

Deleitarnos en la presencia de Dios no significa que tenemos una fiesta privada con Dios mientras el mundo se consume en la desesperación. Tampoco quiere decir que nunca saltemos del regazo de Dios hacia el medroso sendero de hacer su voluntad en este mundo. Estar en el regazo de Dios nos lleva a concentrarnos en los negocios de Dios en este mundo. Nos da el deseo y la valentía de propagar comprensión y conocimiento de Dios. Una segura relación con Dios nos equipa para servir sin buscar la adulación de otros y seguir tras algo fuera de lo que el mundo piensa que es el éxito.

TEMAS DE REFLEXIÓN
EXPERIMENTOS PARA CONSIDERAR

Describa un tiempo en el que sintió que Dios lo guiaba, cuando tuvo la sensación que una mano de Dios lo tomaba mientras la otra se extendía hacia lo que Él quería para usted.

¿Qué de lo que lo conmueve sospecha que también conmueve a Dios?

Experimente con esta oración titulada «Piensa a través de mí» de la misionera Amy Carmichael:

> Espíritu Santo
> piensa a través de mí
> hasta que tus ideas
> sean mis ideas.[7]

CAPÍTULO

13

Escuchar a Dios

La terapeuta estaba asombrada al ver que su paciente hacía un ejercicio que no había prescrito. Marie, una víctima de un ataque de corazón, no había podido caminar en el comedor sin sostenerse de los pasamanos. Pero si caminaba hacia atrás, ¡podía caminar sin sujetarse! Después de unos días de descubrir que podía hacerlo, encontró que podía caminar hacia adelante también.

«¿De dónde sacó la idea de caminar hacia atrás?», le preguntó la terapeuta.

«De Dios. Él me lo dijo», Marie, una persona educada que ha viajado por el mundo y que ha plantado iglesias y que se estremece cuando alguien le dice «Dios me dijo...»

Dios le había dado a Marie otras ideas. El tartamudeo producto del infarto era tan pronunciado que casi ni quería escucharse. Pasaba mucho tiempo en oración. ¿Por qué no orar en voz alta? Así lo hizo durante dos horas al día. ¡Qué terapia maravillosa para una conferenciante!

Una continua conversación con Dios implica que hay momentos en los que Él habla y nosotros escuchamos. Aun cuando nos asuste pensar que Dios nos está hablando, es normal y no extraño. Thomas Kelly afirma que «todos escuchamos ese santo susurro en algún momento».[1]

A veces Dios nos habla a través de un texto bíblico que nos sorprende a pesar de haberlo leído antes. Uno no quiere seguir hasta descubrir cómo se aplica a nuestras circunstancias. Por ejemplo, después del infarto, Marie estaba leyendo el Salmo 69.32: «Lo verán los oprimidos, y se gozarán. Buscad a Dios, y vivirá vuestro corazón». Se le hizo evidente que su paro había cambiado muchas cosas, pero no había cambiado el gozo que sentía por el ministerio. Antes, se había deleitado sirviendo al Señor en la iglesia; ahora se sentía gozosa de su nuevo ministerio de intercesión. Estas percepciones no demasiado trascendentales alimentan una constante corriente de transformación para que después de interactuar con Dios nos convirtamos en personas distintas, más conformes a su imagen.

Una continua conversación con Dios implica que hay momentos en los cuales Dios habla y nosotros escuchamos. Aun cuando nos asuste pensar que Dios nos está hablando, es normal y no extraño.

Sin embargo, algunos encuentran que Dios no les habla ni siquiera al leer la Biblia. Quizás es que leen la Biblia por obligación, para estudiar para una clase o para probar una opinión, pero no para encontrarse con Dios y escucharle hablar. A.W. Tozer aconsejaba: «[La Biblia] no es un libro que habló una vez, sino un libro que *habla ahora* ... Si ha de conocer al Señor, vaya a la Biblia esperando que le hable. No vaya creyendo que usted puede acomodarla a su conveniencia».[2] En vez de ir a la Biblia a buscar lo que ya entendemos o con lo que estamos de acuerdo, es sabio acercarse a ella preguntando: ¿Qué necesito saber?

Al examinar nuestra comunicación con Dios, sin embargo, un poco de escepticismo puede ser útil. Los mensajes que las personas reciben de Dios muchas veces suenan como sus propios deseos disfrazados con vocabulario piadoso. Además, muchos han afirmado que Dios les ha dicho la fecha de la Segunda Venida de Cristo, pero la profecía no se cumplió.

Algunos cristianos reaccionan a estos errores limitando la voz de Dios a las Escrituras. Dallas Willard escribió acerca de esto: «Francamente, en el mundo actual, y especialmente dentro del círculo religioso conservador, existe una posición que podríamos muy bien categorizar como "deísmo bíblico..." Sugiere que Dios nos dio la Biblia y después se fue, dejándonos hacer lo que podamos con ella, sin ninguna comunicación individual a través de la Biblia u otra cosa».[3]

La Biblia misma ofrece ejemplos de cómo Dios se comunicó con ciertos individuos tales como Abraham (Génesis 12), Moisés (Éxodo 33), Samuel (1 Samuel 3) y muchos otros, incluyendo todo el grupo de la iglesia de Antioquía (Hechos 13.1-4). He aquí otros versículos para considerar.

> Te haré entender, y te enseñaré el camino en que debes andar; sobre ti fijaré mis ojos. (Salmo 32.8)

> Estad atentos, y oíd mi voz; atended, y oíd mi dicho. (Isaías 28.23)

> Entonces tus oídos oirán a tus espaldas palabra que diga: Este es el camino, andad por él. (Isaías 30.21)

> Haciendo memoria de vosotros en mis oraciones, para que el Dios de nuestro Señor Jesucristo, el Padre de gloria, os dé espíritu de sabiduría y de revelación en el conocimiento de Él. (Efesios 1.17)

¿CÓMO HABLA DIOS?

Algunas de las formas más comunes en que Dios nos habla las describe un personaje ficticio, Aiden Lucas, monje que habla con un ministro que no está acostumbrado a comunicarse con Dios.

> Pienso que podemos descontar la posibilidad de una visión completa de un coro celestial y un mensaje escrito con fuego en el cielo ... Cuidado con la frase repetida en los labios de diferentes personas; cuidado con el incidente que de momento nos recuerda algo ... examine cada cosa que ocurre en su vida y pregúntese si hay algo que

aprender aun del más aparentemente irrelevante incidente. Estoy convencido de que si no hay una simple revelación, habrá una sucesión de señales que sumadas producirán la luz.[4]

Veamos algunas maneras de hablar de Dios.

Pensamientos recurrentes. Cuando el mismo pensamiento se presenta varias veces, puede ser la «lámpara de Dios» que escudriña lo más profundo de nuestro corazón y alumbra nuestro dilema[5] (Proverbios 20.27). Es sabio preguntarle a Dios: *¿Me estás diciendo esto a mí?*

Pero no todos los pensamientos recurrentes actúan como lámpara de Dios. Aprendemos a reconocer y dejar de lado las grabaciones viejas y destructivas como el deseo de quitarnos la vida, el sentirnos hastiados de la vida, los deseos de venganza, el considerarnos buenos cristianitos. Por la Biblia sabemos que estas no son palabras de Dios.

Ideas nuevas. John Powell, cura y profesor de la Universidad de Loyola, escribió: «El Señor me pone sus ideas en la mente, especialmente sus perspectivas, me amplía la visión, viene a llenarme en esos momentos de quietud y me llena de su poder y su presencia».[6] La escritora Linda Wagner sugiere que «a la quietud llega una idea fresca de cómo encarar un problema, el recordatorio de continuar adelante en algún compromiso, o un sentido de la mejor forma de organizar el día o la semana que nos espera».[7]

Personajes ficticios. La transformación del carácter se aprende mejor dentro de las relaciones, y al vivir con ciertos personajes por un centenar de páginas, estos pueden mostrarnos quiénes somos o quiénes podríamos ser. Incluso podemos escuchar hablar a Dios a través del comportamiento del personaje y preguntarnos: ¿Puedes ver tus faltas en las faltas de esta persona? ¿Puedes ver lo que haría contigo si me lo permites? ¿Has visto lo que ya he logrado en ti?

He aquí algunos personajes a través de los cuales Dios me ha hablado debido a que ilustraban principios de Dios de una manera inolvidable:

- Al conocer a Owen Meany (*A Prayer for Owen Meany* [Una oración por Owen Meany] de John Irving) me convencí de que Dios me había dado un propósito de la misma manera que a Owen se lo había dado. Owen luchó sin descanso por alcanzar su propósito y yo puedo hacer lo mismo.
- Al conocer al Vincent van Gogh de Irving Stone (*Lust for life* [Ansias de vivir]) vi que Dios utilizó el alma desolada de Vincent, y me podría usar a mí también. (Las biografías pueden tener el mismo efecto que la ficción.)
- Conocer a Aliosha (*Los hermanos Karamazov* de Fiodor Dostoievski), el «humillado santo» entre los tres hermanos, me convenció de que era mejor olvidarme de ser astuta y volverme una «tonta» por Dios.

Ninguno de estos personajes son dignos de imitar, pero son seres imperfectos que pueden haber cometido nuestras faltas y podemos absorber lo que aprendieron. A veces me veo tan claramente reflejada en ellos que pienso: *Solamente por la gracia de Dios yo persisto.*

Trabajos artísticos. De vez en cuando una actuación de ballet o un cuadro me dice lo que había estado escondido de mí: que la paz interior es posible, que los padres pueden encontrar gran deleite en sus hijos, que un trabajo bien hecho está marcado por la imperceptibilidad e indulgencia de una danza perfecta. Un día al estar parada en el Museo de Arte del condado de Los Ángeles frente a una pintura de Henri Matisse, *Mujer con un velo,* me asombré a mi misma y a la gente a mi alrededor al soltar un sollozo. En el cuadro, la expresión facial desencajada y desmoralizada de la mujer arrancó de mí un rezago de enojo interior contra cierto grupo de personas. Pensé que lo había superado, pero al ver este cuadro, sentí que Dios me mostraba la ira que había en mi corazón y que me pedía que fuera más perdonadora y tolerante.

Experiencias dinámicas. Las actividades físicas como los deportes y los ejercicios nos presionan y nos revelan nuestro verdadero yo. Al andar en canoa el verano pasado, noté que sentí la misma falta de temor que sentía cuando era adolescente al andar por los ríos en canoa. Sumergía el remo de la misma manera, y mi forma era agresiva. Por otro lado, el viaje del año anterior me había demostrado lo cobarde que me había vuelto. Me preocupaba que se lastimara algún miembro de la familia, que yo fallara, que mi casa se desmoronara en un terremoto. Entendí que esa sensación venía de Dios y se la presenté a Él, y le pedí que me ayudara. Ya me había aprendido algunos versículos bíblicos acerca del temor, pero la valentía me eludía.

Nada más sucedió —hasta donde puedo saber— hasta diez meses después en que alguien comentó lo valiente que yo parecía al lanzar los puños al aire en mis ejercicios aeróbicos. Tenía razón. Pensé en lo segura que me sentía haciendo ejercicios aeróbicos o caminando. Me sentí extraña al comprender como Dios estaba usando experiencias dinámicas como remar o los ejercicios aeróbicos para combatir mis temores.

Llevar un diario. Muchos creen que primero uno define sus pensamientos y después los escribe. No siempre es así. Muchas veces no sé lo que pienso (o lo que Dios está pensando en mí) hasta que lo escribo. A veces escribo garabatos e incongruencias, pero al tomar velocidad comienza a tener sentido. Vuelvo a leer lo que escribí y descubro que las palabras fueron dirigidas por Dios.

Si escribir lo pone inquieto, piense que no lo tiene que hacer siempre, sino cuando usted lo quiere hacer. No tiene que usar una gramática correcta ni tener letra bonita, ni usar un cuaderno de respetable apariencia. Un diario es un lugar para hablar con Dios, para verter nuestros dolores, para anotarle preguntas a Dios, para sentarse y disfrutar el paso del tiempo en su compañía.

Dios nos habla a través de estos métodos enumerados en un «lenguaje que se entiende bien, pero no se oye: una percepción interior con un contenido específico».[8] No nos habla para que nos jactemos de tener una línea directa con Él, sino para ayudarnos de alguna manera a interceder por alguien con más sabiduría, a cambiar nuestras prioridades, y lo hace en una manera que antes no nos resultaba clara.

DIFICULTADES POTENCIALES

Sujetar a Dios a un horario. Escuchar a Dios es parte de nuestra conversación continua con Él. No está limitada a esa porción de nuestro devocional en que nos disponemos a escucharle. En realidad si designamos un cierto tiempo para que Dios nos conteste o demandamos de Él una respuesta dentro de cierto tiempo, lo que hacemos es situarnos en una esquina a inventar una respuesta propia. Escuchar a Dios es una aventura de tiempo completo de la misma manera que lo es hablarle.

Limitar los medios de comunicación de Dios. Dios puede hablarnos lo mismo a través de niños que de adultos, a través de enemigos que de aliados, a través de extraños que de conocidos. Si no estamos seguros de que son palabras de Dios, podemos guardarlas y esperar una confirmación.

Poner respuestas en los labios de Dios. Si queremos mucho cierto empleo, relación o circunstancia, es fácil creer que Dios nos está diciendo que lo busquemos cuando no es así. El corazón es tan engañoso que es sabio tener cuidado con esas «respuestas» que se conforman mucho a lo que queremos. Por otro lado, algunos piensan que si suena demasiado bueno no puede ser de Dios. ¿No quiere Dios que nos ganemos o que luchemos por cada cosa que conseguimos? Al practicar la presencia de Dios, aprendemos a reconocer su voz y dejamos de confundirla con nuestra propia voz.

Vivir aislados. Muchas veces expongo mis nuevas ideas a mis amigos para ver su reacción. Incluso a veces les pregunto: «¿Creen que estoy colocando mis palabras en los labios de Dios?» o «¿Ven en esto la idea de que quiero sobresalir (o alguna de mis otras faltas)?»

Al componer un prólogo para un libro que estaba escribiendo hace unos años, sentí que debía incluir una convicción que valorizaba. Sentí que iba. La escribí, la preparé, pero luego dudé de si era apropiado. Con el riesgo de pasar vergüenza llamé a alguien muy respetado en la materia que yo no conocía bien para pedirle una opinión.

«Déjeme leerle esto», le dije, «y contésteme si es Dios el que está dando un mensaje o si simplemente es algo mío que no encaja muy bien pero que incluyo porque quiero expresar mi opinión».

Le leí el párrafo, y esta respetada persona me dijo con gentileza: «Estoy de acuerdo con su punto de vista, pero usted no necesita incluirlo. Creo que tal vez sea una cuestión personal suya». Le agradecí y lo borre del prólogo. Muchas veces pensamos que Dios nos está usando para componer al mundo cuando solamente estamos tratando de ventilar nuestras opiniones personales.

Buscar lo espectacular. Dallas Willard enfatiza la superioridad de la «apacible vocecilla» en el silencio de nuestra mente.

> Muchos de los que afirman estar hablando de parte de Dios se refieren a sus propias visiones, sueños y otros fenómenos poco comunes o a sus vagas impresiones o sentimientos sin un claro o lógico significado. Esto no quiere decir que Dios no les ha hablado. A Moisés le habló directamente, «cara a cara», en conversación. Por tanto, su significado cuando habló en nombre de Dios siempre fue específico, preciso y claro.
>
> Cuando se busca lo espectacular, hay inmadurez en la personalidad. Los niños aman lo espectacular y actúan como niños al buscarlo y correr negligentemente hacia ello. Puede proceder de Dios, incluso puede ser necesario por la dureza de nuestros corazones. Pero nunca debe ser tomado como una demostración de superioridad espiritual. Los que han avanzado en los caminos de Cristo nunca discuten ligeramente las cosas espectaculares que llegan a ellos, ni tampoco las mencionan para probar que ellos están en lo correcto o que tienen algo especial.[9]

Pasar por alto el sentido común. Mantenga los siguientes principios en mente cuando crea que está escuchando a Dios.

- Dios no le revelará nada que sea contrario a su naturaleza. Es probable que no sea Dios el que le dice que no le hable más a su mamá, o que cambie de empleo simplemente porque uno le paga más que el otro.

- Sumérjase en las Escrituras. Esta es la principal manera en que Dios nos habla, y nos sirve como medida para cualquier otro tipo de comunicación.
- «No hay que esforzarse por oír», aconseja la escritora Linda Wagner. «Si hay silencio, quédese tranquilo, y conozca que Él es Dios, sea que lo presienta o lo oiga o no. Si oírlo se convierte en la razón principal de estar con Él, oírlo se convierte en lo central de su relación. Esa es una forma de idolatría. Por su propio bien, Él se puede alejar hasta que usted lo busque solamente a Él. Además, recuerde que habrá ratos de silencio natural».[10]
- No espere escuchar ideas dinámicas e increíbles. Procure postrarse ante Dios porque Dios es el que usted ama, no porque quiere conceptos conmocionantes.

¿Es el silencio una respuesta? «Si sabemos escuchar, Dios nos dirá algo cuando no nos da lo que pedimos», escribe Dallas Willard. «El Señor no calló ante Pablo, aunque le negó su petición: "*Y me ha dicho*: Bástate mi gracia; porque mi poder se perfecciona en la debilidad" (2 Corintios 12.9, cursivas añadidas). Dios no es impasible con nosotros, como un ídolo pagano, sino que nos llama a crecer hacia una vida de intercambio personal con Él que haga justicia al concepto de que somos sus hijos».[11]

¿Y si no oímos a Dios? Las personas se desalientan cuando creen que no están oyendo a Dios. Martha Thatcher escribe: «Aquí yace la raíz del desaliento: estamos buscando oír algo y no a alguien. Estamos tratando de escuchar la *voz* de Dios, no la voz de *Dios*. Esta desviación de enfoque es sutil pero importantísima». Cuando nos preguntamos por qué Dios no se manifiesta de una manera más clara y nuestra relación con Él parece seca u oscura, esa desviación es obvia. «Estas preocupaciones se centran en los temas, no en Dios. Enfocan lo que Dios está diciendo sin un enfoque anterior en Dios mismo».[12] Nuestra tarea es buscar conocer a Dios no porque deseamos respuestas deslumbrantes, sino porque le amamos.

John Woolman, un reformador cuáquero, comentando por qué decidió mantenerse como un simple sastre en vez de llegar a ser un próspero comerciante, dijo que lo más importante en la vida es «pasar el tiempo de manera que nada desvíe mi atención de la voz del verdadero Pastor».[13] La voz de este Pastor es la voz de nuestro Padre que nos dice lo que necesitamos saber.

TEMAS DE REFLEXIÓN
EXPERIMENTOS PARA CONSIDERAR

Nombre algunas personas que Dios ha usado para hablarle.

¿A través de que métodos no convencionales (ficción, experiencias dinámicas, etc.) le ha hablado Dios? Descríbalas.

¿De qué maneras necesita obedecer, o sea, escuchar, mejor?

CAPÍTULO

14

Presentes para otros

Respiré profundamente al entrar al salón de gala. Allí estaba, tratando de superar mi timidez al compartir una reunión con otros doscientos terapeutas de tres condados. Como miembro de la prensa, tengo que hacer estas cosas, pero no me gustan estas reuniones que consumen mis días de trabajo.

Recogí mi distintivo y reflexioné en mi costumbre de orar por cada persona con la que me encontraba. *¿Podré orar y al mismo tiempo relacionarme con estas personas?*, le pregunté a Dios. *¿Con doscientas personas?*

Al intentarlo, una por una, dejé de pensar en si era un contacto útil o no. Me interesaba escuchar acerca de los intereses de cada terapeuta. Antes del almuerzo, pensé cómo hacer para sentarme al lado de alguien que influyera en mi carrera, pero desistí y elegí sentarme en el primer lugar disponible. Terminé sentada al lado de un viejo terapeuta sabio, con quien intercambié ideas, incluyendo ideas referentes a la fe. No sé si hice algún contacto significativo en cuanto a periodismo se refiere, pero si sé que tuve conversaciones más significativas que en cualquiera de las otras reuniones a que he asistido.

Disfrutar de la presencia de Dios al relacionarnos con las personas nos enseña a estar atentos a la gente y concentrados en quiénes son y lo que nos están diciendo. También es más divertido que abarcarlos a todos y más sedante para cualquiera con algo de timidez.

TRABAJAR DE INCÓGNITO

Conversar con Dios de esta manera es, en realidad, nuestro ministerio principal hacia las personas. En *The Contemplative Pastor* [El pastor contemplativo], Eugene Peterson describe a un cristiano «subversivo» cuyo exterior realmente es una careta de su verdadera misión de intercesión. Los pastores, por ejemplo, están para predicar sermones y dirigir campañas de mayordomía, pero su verdadera tarea es orar por las ovejas. «En vez de practicar la oración, que es lo que lleva realmente a las personas a la presencia de Dios, [los pastores] nos metemos a mesías: Hacemos el trabajo de Dios para Dios, arreglamos a las personas y les decimos qué hacer».[1] Somos pacificadores, consejeros y manipulamos familiares y amigos, cuando nuestro verdadero trabajo es orar por ellos, ayudarlos «a concentrarse en la real pero velada presencia de Dios en ellos».[2]

> *Disfrutar de la presencia de Dios al relacionarnos con las personas nos enseña a estar atentos a la gente y concentrados en quiénes son y lo que nos están diciendo.*

Me resulta divertido asumir este papel velado de orar mientras trabajo como voluntaria en un centro para desamparados. Mis tareas oficiales varían desde trabajar en el centro de mensajes (contestando el teléfono, atendiendo los clientes que llegan, escribiendo nombres) hasta trabajar en el puesto de las duchas (entregando toallas, champú y jabón a los clientes). Estas tareas, sin embargo, eran un frente. Mi tarea principal era orar por los clientes, voluntarios y cualquiera que se cruzara en mi camino. Mi conversación con Dios acerca de ellos se realiza de continuo entre el caos de un teléfono que suena y el ruido del agua en las duchas. Orar por los clientes no quita el que les de una frazada o zapatos que no estén agujereados, sino que la oración acompaña todo lo que hago. Y me doy cuenta que me libra de agotamiento. No me rindo descorazonada, ni me siento tentada a agarrar a los clientes por la camiseta y gritarles que se busquen un trabajo.

Pero ¿no distrae orar mientras trabajamos? ¿Cómo puedo escribir el nombre de una persona sin equivocarme si estoy orando al mismo tiempo? He descubierto que orar por la gente mientras trabajo me ayuda a prestar *más* atención y no menos. Me concentro en sus palabras y en su lenguaje mudo. Me pregunto: *¿Es eso de corazón? ¿Qué no me están diciendo? ¿Podré ser paciente hasta que lo puedan expresar?*

CAMBIEMOS LA MANERA EN QUE CONSIDERAMOS A LA GENTE

Mantenernos en compañía de Dios mientras nos relacionamos con otros también nos permite ver a las personas de la manera que Cristo las ve. Fue extraordinario que el Salvador, cuando iba de camino a salvar a la hija de un militar, se detuviera a escuchar a una mujer que había sanado confesar «toda la verdad» (Marcos 5.33). Y que interesante que cuando un muchacho que se revolcaba en el suelo largando espuma por la boca, Jesús se detuvo para preguntarle al padre del muchacho: «¿Cuánto tiempo hace que le sucede esto?» (Marcos 9.21). ¿Por qué Jesús conducía estas entrevistas bien personales con padres de hijos poseídos cuando había demonios que echar fuera? No necesitaba la información. En ambos casos Jesús no solo curó cuerpos físicos, sino que también se le hizo presente a cada persona. Al hacerlo, creó lugares seguros donde personas angustiadas podían expresarse. Jesús fue liberando persona por persona, aun cuando su misión era salvar al mundo.

Cuando visualizamos a las personas de la manera que lo hizo Cristo nos formamos una agenda de oración secreta. En este «ministerio secreto», como llama Richard Foster a la oración, podemos ayudar a las personas inmensamente. Esta fue la experiencia de Foster:

> Una vez, en una reunión de comité común, me sentí dirigido a orar por un miembro del comité que parecía car-

> gar el peso de una gran tristeza, aun amargura. Por supuesto, participé en la discusión, pero durante todo el tiempo en mi interior busqué bañar a esta persona en la luz de Cristo. La reunión se tornó dificultosa debido a las observaciones cáusticas de esta persona, especialmente las dirigidas hacia otras dos personas en el grupo. Pero al prepararnos para despedirnos, de pronto esta persona comenzó a llorar y finalmente le dije al grupo: «Desearía que oraran por mí». Después de expresar los motivos de su enojo y angustia, las dos personas que habían sido verbalmente atacadas la rodearon y elevaron una sumamente tierna oración por sanidad y liberación. La habitación pareció llenarse de poder y gozo.[3]

BIENVENIDA A UN EXTRAÑO

Este hábito también nos enseña a vislumbrar situaciones familiares con una perspectiva distinta. Aquí tiene un ejemplo.

> En la práctica esto quiere decir que vamos [a la iglesia] con la mente predispuesta para notar a las personas que encontramos ... Al ver al señor Hubbard caminando lentamente desde el estacionamiento, fácilmente hubiera podido dejar que mis ojos pasaran sobre él como si simplemente fuera parte de lo de todas las semanas. O podría preguntarme: *¿Qué tal se ve el señor Hubbard hoy?* ¿Qué señales transmite con respecto a las necesidades que enfrenta? ¿Está vacía su copa, y quizás yo tenga alguna bebida refrescante que ofrecerle? Quizás puedo preguntarle por su hija, que vive en el otro extremo del país, o puedo preguntarle por la salud de su esposa. Sí, eso es; necesita conversar de su esposa y estoy dispuesta a hacerlo.[4]

El conversar con Dios mientras hablamos con otros crea un ambiente propicio a que queramos dejar que la gente exprese sus necesidades. Esta es otra manera de brindar acogida, de dar la bienvenida a un extraño en vez de seguir tambaleantes nuestro absorto camino.

UNA VUELTA A LA CULTURA

Escuchar las necesidades de otros es una manera radicalmente diferente de ir por la vida comparado con las rutinas impersonales de nuestra cultura. A medida que las máquinas automáticas reemplazan a los cajeros en los bancos, y el correo electrónico deja fuera la calidez de la voz o la radiante sonrisa, la vida se vuelve más enclaustrada y aislada. Si agregamos a esta mezcla la competencia y la rivalidad, y un compañero de trabajo se convierte en uno que puede obtener el ascenso que queremos, no alguien cuyas necesidades Dios nos está diciendo que suplamos.

La mayoría de nosotros escucha solamente la mitad de la conversación, en espera de una referencia a lo que nos interesa o planeando lo que vamos a decir. Sin darnos cuenta, pensamos: *¿Qué beneficio me trae esto? ¿Cómo puede esta persona ayudarme en mi trabajo, mi ministerio, mi iglesia, mis causas favoritas?* Puede ser difícil tener una conversación profunda, abierta, sin hacer un juicio inmediato de la otra persona. Hasta nuestras actitudes relacionadas con la fe se ven afectadas. Los conocidos se convierten en blancos de evangelización; los niños se convierten en recipientes del tiempo valioso de sus padres. Nos olvidamos de que cada persona es un misterio profundo que necesita ser explorado y apreciado, alguien con el que nos podemos conectar y por el que podemos orar.

> *Nos olvidamos de que cada persona es un misterio profundo que necesita ser explorado y apreciado, alguien con quien nos podemos conectar y por quien podemos orar.*

Estar conscientes de la presencia de Dios al relacionarnos con otros produce cambios en nosotros. El deseo de usar a esa persona para nuestros propósitos desaparece. Es más fácil si vemos a cada persona como aquella que Cristo fue a buscar dejando atrás a las noventa y nueve. En vez de juzgar a nuestros amigos, le pedimos a Cristo que aclare el camino que están recorriendo. Pensamos menos en mantener una casa y más en fortalecer el hogar, menos en manejar un negocio y más en tener un lugar de servicio.

TEMAS DE REFLEXIÓN
EXPERIMENTOS PARA CONSIDERAR

¿Cuál de sus tareas (entrenador de un equipo, organizador de fiestas en su trabajo, miembro del equipo de vigilancia en su vecindario, ujier en la iglesia) le coloca en una interesante posición ventajosa para orar?

Piense en circunstancias en que normalmente usted promovería sus propios intereses. Piense ahora en cómo pudiera orar por las personas con las que habla en esas circunstancias.

¿Qué comités o grupos a los que pertenece se beneficiarían de que usted orara durante las reuniones?

Si fuera a hacer algo de lo que mencionamos antes, ¿a qué persona le contaría sus experiencias?

CAPÍTULO

15

Quitemos las piedras del camino

«Tengo muchas ideas, planes y energía», dice Marcia Means, miembro del cuerpo pastoral de una iglesia grande. «Soy una persona que resuelve. Me conocen como la reina de la organización y la que marca las pautas en el equipo. Eso no es malo, pero tengo problemas en callar ante Dios y someterle esos planes.

»He aprendido que tener muchos programas no siempre glorifica a Dios. Podemos hacer cosas que son buenas, pero no las que Dios quiere que hagamos. He decidido no hacer nada si con ello no glorifico a Dios. No quiero perderme ninguna oportunidad de practicar la presencia de Dios y desarrollar una mayor intimidad con Él. Allí nace un ministerio que glorifica a Dios.

»Trato de escuchar la suave voz de Dios aun cuando parezca discordar. Quizás dé la impresión de que "no estoy actualizada" pero, *¿podemos escuchar la voz de Dios aun cuando no concuerde con lo que los demás piensan?*»

Interactuar con Dios de la manera descrita en este libro no es un hábito que se adquiere en un par de semanas, sino una relación con Dios que se mantiene en crecimiento. Cuanto más amamos a Dios, más descubrimos que tenemos el muy humano problema de tener un corazón que necesita renovación (véanse Salmo 86.11; Ezequiel 11.19). Este capítulo examina esas dificultades, y los próximos dos capítulos exploran la raíz de las preguntas que hay detrás de ellas.

Si Dios ha de residir en nuestros corazones sin ningún rival, debemos analizar profundamente nuestras pasiones y motivaciones. Al hacerlo, encontraremos a menudo que estamos buscando a Dios pero *también* algo más. Pronto ese «algo más» toma la batuta. A veces ese «algo más» es bueno: quizás tratamos de ser una buena persona en vez de buscar a Dios; o buscamos conocimiento bíblico en vez de buscar a Dios; o buscamos amor, gozo, y paz en vez de buscar a Dios. Pero ninguna de estas cosas puede tomar el lugar de una relación con Dios.

Si Dios ha de residir en nuestros corazones sin ningún rival, debemos analizar profundamente nuestras pasiones y motivaciones. Al hacerlo, encontraremos a menudo que estamos buscando a Dios pero también algo más.

Así es que en el ritmo de un vivaz intercambio con Dios, pedimos: *Muéstrame qué me impide conocerte mejor.* Con el tiempo reconocemos las cosas con las que hemos sustituido a Dios y reconocemos las influencias que interfieren con la voz de Dios como una estática. Una y otra vez, confesamos estas cosas a Dios. Estas confesiones repetidas se convierten en tema de nuestra conversación regular con Él. Después de un tiempo, detectamos con mayor facilidad la falsedad de los sustitutos y la estática porque nos hemos acostumbrado a una genuina relación con Dios.

SUSTITUTOS DE CONOCER A DIOS

Programas y actividades. Porque nuestra cultura (incluyendo la cultura eclesiástica) nos ha enseñado cómo hacer pero no cómo ser, a veces llenamos nuestra hambre de Dios con actividades. Es tanto más fácil colocar sillas para una reunión que orar arrodillado en una esquina. Podemos atarearnos tanto en la iglesia que no nos queda tiempo para Dios.

Personas, especialmente personas que queremos. A veces nuestra dedicación al cónyuge, los hijos, los padres y las amistades se transforman tanto en el centro de nuestra vida que les entregamos nuestras energías, y olvidamos que conocer y amar a Dios debe ser el centro mismo de nuestra existencia. De ese amor a Dios fluye nuestro amor por otros.

A veces esperamos que las personas que amamos satisfagan nuestra necesidad interior, que nos hagan sentir mejor en la angustia y que descubran nuestras necesidades secretas y las suplan. Pero solo Dios puede satisfacer las necesidades interiores. Las mujeres, de manera especial, sufren del síndrome de «algún día aparecerá mi príncipe», convencida de que el hombre de sus sueños podrá satisfacer todas sus necesidades íntimas. Ningún romance, matrimonio o hijo puede sanar nuestras heridas y asegurarnos de que nos aman. Aprender a buscar en Dios la satisfacción de esas necesidades nos da libertad para deleitarnos en nuestros seres queridos sin la preocupación de cómo podrán satisfacerlas ellos.

Servicio. Hacer la «obra de Dios» puede traernos tal satisfacción y reconocimiento que entronicemos la obra en vez de a Dios. Si en algún momento esa satisfacción se desvanece surge el agotamiento. Pero si nuestro servicio fluye de una rica vida interior con Dios, nuestro discernimiento y aliento aumentan. El servicio tiene que ver con nuestra relación con Dios, no con nuestra necesidad de que nos necesiten. La satisfacción no viene tanto de haber hecho bien un trabajo como de ser un hijo de Dios muy amado.

Herramientas para conocer a Dios. Los cristianos de hoy se han vuelto consumidores espirituales y se la gastan en una conferencia más, un casete más, un libro más. Abandonar la búsqueda de Dios por el uso de herramientas espirituales es una trampa sutil. Sucede fácilmente porque el uso de una herramienta es una actividad concreta que puede medirse. Sabemos con certeza que tuvimos un devocional hoy, pero resulta más complicado saber si nos conectamos con Dios durante ese tiempo. Pero ¿no fue ese el propósito del devocional?

Un maestro bíblico una vez confesó: «Los maestros bíblicos se encuentran sumando conocimiento por sumar conocimiento. Nos engreímos fácilmente. Nos enorgullecemos de lo que sabemos, pero no conocemos a Dios con la intimidad que Dios diseñó para nosotros».

Enfatizar exageradamente las herramientas nos recarga de moralismo, para no decir legalismo. Participé en una iglesia donde se exhortaba a la congregación a leer toda la Biblia en un año. Yo la había leído varias veces antes y, debido al agotamiento que sentía, decidí mantener pequeñas conversaciones con Dios basadas en los Salmos. Los miembros de la iglesia discutían sus lecturas diarias cada vez que se reunían, y yo constantemente tenía que defender la decisión que había tomado. Al progresar el año, varias personas me confesaron sentirse cristianos de segunda debido a que no iban a poder leer toda la Biblia. Esto me entristeció porque leer la Biblia es una herramienta bien importante para conocer a Dios, pero se había convertido en una ley no escrita para cientos de personas a quienes Dios probablemente no las había dirigido hacia ese plan.

Éxito espiritual. Es sabio tener un incurable descontento con respecto a nuestro insignificante ser, pero el secreto es qué hacemos con ese descontento. Algunos lanzamos grandes proyectos de mejoría personal. Esto no es sabio. Un cambio verdadero en el carácter no se impone desde el exterior, sino que crece desde el interior, del tiempo que pasamos con Dios, escuchando su voz, siguiendo lo que nos dice.

Cuidado de tratar de tener éxito al orar. En la novela *Verdades absolutas* [Absolute Truths], el personaje llamado Lyle Ashworth escribió en su diario personal acerca de los experimentos de oración en grupo:

> Al principio me preguntaba: ¿Dan resultado nuestras oraciones? ¿Alcanzamos el éxito? Pero sé que no debemos preguntarnos esto, pues son preguntas irrelevantes. No nos corresponde juzgar si tenemos éxito o no. De todas formas ¿que significa el éxito en este contexto? Tener éxito es hacer lo que Dios quiere que hagamos, y sé que

> lo que Dios quiere de nosotros es que seamos nosotros mismos, que formemos fila con Él para usarnos en combatir el sufrimiento en el mundo. Si simplemente *fuéramos*, Él nos podría usar y situarnos en el patrón correcto para que podamos participar activamente en sus propósitos creativos y tener una parte activa en su amor redentor.[1]

La oración es una relación, no una actuación.

Experiencias con Dios. Temprano en mi experimento de practicar la presencia de Dios, me aconsejaron que me sintiera satisfecha aun cuando «nada» sucediera. Es bueno deleitarse en la presencia de Dios solo por estar con Él, no por recibir algo a cambio. Buscamos a Dios, no experiencias con Dios. Si esperamos recibir pirotecnia espiritual, terminaremos creándola nosotros mismos, lo que sacrificará la sinceridad de nuestra relación con Dios.

ESTÁTICA QUE INTERFIERE CON LA VOZ DE DIOS

Es difícil estar despiertos a la presencia de Dios cuando ciertas influencias crean estática. Algunas veces sus clamores ahogan toda inclinación hacia Dios; otras veces, confundimos estas influencias con la voz de Dios. Dios permite que esto suceda porque «generalmente Dios no compite por nuestra atención».[2] Dios quiere que nos acerquemos a Él y aprendamos a escuchar su voz.

Distracciones culturales. Los anuncios y la prensa nos informan que nos hemos perdido algo importante si no hemos visto tal película, o cenado en aquel restaurante, o leído este libro, o escuchado aquel orador, o comprado este artículo, o hecho esta llamada telefónica. Tratar de estar ocupado y de ser importante nos impide escuchar su suave vocecilla.

El Nuevo Testamento nos pide dejar a un lado la frenética locura por hacer más, adquirir más, y nos persuade a deleitarnos cada vez más en la presencia de Dios. Una sutil manera de alejarnos de la comunión con Dios que tanto anhelamos es mantenernos muy ocupados. Si resistimos esta tentación, y nos quedamos cerca del corazón de Dios con solaz interior, descubriremos el tesoro de disfrutar a Dios.

En busca de satisfacción. Nuestra cultura nos enseña que la felicidad fluye de lo que valemos, y esto se cultiva alcanzando mayores metas y amándose uno más. Las enseñanzas bíblicas nos recuerdan que nunca seremos lo suficiente ni haremos lo suficiente (Romanos 3.23). (¡Nuestra total pobreza frente a Él nos lo recuerda también!) Nuestra meta no es la autosatisfacción, sino «conocer a Cristo y el poder de su resurrección» (Filipenses 3.10), descubrir a Jesucristo en cada rincón de nuestra vida. En esa relación de amor hallamos más valía que la que jamás podríamos encontrar en otra cosa.

Autosuficiencia. Empeñarnos en que nos amen y aprecien nos conduce a lo que A.W. Tozer llama «los pecados "antipatriótico" del espíritu humano»: autojustificación, autopena, autoconfianza, autosuficiencia, autoadmiración, autoamor. A estos agregaría el autoengrandecimiento, el hacernos más poderosos y de mayor estatura de lo que realmente somos. Tozer decía de las personas de su día: «El autoexaltarnos a guisa de exaltar a Cristo es tan común hoy día que llama poco la atención».[3] El libro de Tozer se publicó en 1948, pero la autoexaltación siempre será común porque aunque amamos a Dios, nos encanta que nos adulen. Comenzamos sirviendo a Dios por varios motivos, uno de ellos puede ser amar a Dios, pero luego el amor a la adulación se trepa en nosotros. Pronto, preferimos ser estrellas a ser siervos.

Marcia Means me contó cómo llegó a darse cuenta de su autosuficiencia: «No ocurrió hasta que tuvimos que enfrentar el estilo de vida homosexual de nuestro hijo que entendí que no tengo respuestas para muchas cosas. En un principio, pensé que podía arreglarlo. Empecé un grupo de apoyo, pero Dios me recordó: *¿Qué pasa si la situación no cambia?* Tuve que acordarme de que Dios es el que arregla las cosas. Todavía necesitaba dejarle a Dios entrada completa en mi propia vida. Esta fue la primera vez que enfrentaba una crisis que estaba fuera de mis manos. Me llevó tiempo actuar dependiendo de Dios».

Necesidad íntima. Es naturaleza humana el ser autoobsesivos. Para ser sinceros, todos queremos que nos amen, admiren y aprecien. Nos preocupa nuestra apariencia y lo que los demás piensan de nosotros porque tenemos una profunda necesidad de agradar a otros. Algunos adormecemos el dolor de no ser apreciados comiendo, gastando, trabajando en exceso, tomando drogas o alcohol. Esos deseos llenan nuestra mente y cortan el fluir de nuestra conversación con Dios.

Esa necesidad íntima resulta del deseo de ser amados y apreciados, y de querer encontrar esa realización en las personas y en el trabajo. Parte de lo que significa conocer a Cristo es estar en el proceso de aprender que Dios nos ama y valoriza sin importar lo que hagamos. Lo difícil es hacer de esto una realidad hasta permear nuestros motivos, deseos y acciones.

CONFESEMOS QUIÉNES SOMOS

Una de las mayores ayudas para conversar con Dios es ir insertando confesiones de nuestras necesidades íntimas en nuestras conversaciones de momento a momento con Dios. Algunos ejemplos de confesiones que yo he hecho son:

- Estoy luchando por estar por sobre otros.
- Estoy deseosa de impresionar a esta persona influyente.
- Tengo miedo que esta amiga me abandone si triunfa.

Presentar estas confesiones sinceras brinda la claridad necesaria para escuchar cuando Dios nos responde que ya nos ama y valoriza más profunda y firmemente de lo que cualquier humano puede hacerlo. Al convertirse esto en vivencia, somos libres de decirnos:

- No competiré con esta persona tratando de ganar esta discusión.
- No trataré de impresionar a esta persona influyente.
- Me alegraré del triunfo de mi amiga.

Cuando quitamos estas piedras del camino, tenemos más libertad de deleitarnos en la presencia de Dios. Podemos escuchar a Dios mejor al permitirle satisfacer nuestras ansias de gratificación. Nuestras relaciones serán más satisfactorias porque entregamos las personas a Dios en vez de tratar de dominarlas. Cuando sentimos el deseo de adquirir cosas mejores o más grandes, nos sumergimos para escuchar más profundamente lo que ocurre en nuestro interior. Allí encontraremos una inquietud y un hambre que solo puede calmarse en una relación íntima con Dios. Decidimos deleitarnos en la presencia de Dios y encontramos plenitud en la creativa, amorosa y liberadora comunión con Dios.

TEMAS DE REFLEXIÓN
EXPERIMENTOS PARA CONSIDERAR

¿Cuáles de los sustitutos o causantes de estática mencionados en este capítulo ha enfrentado hasta cierto punto?

¿Cuáles, si es que hay alguna, de las siguientes confesiones escritas por John Baillie, le recuerdan algo?

Confieso Señor...
que muchas veces, escondo mis verdaderos motivos, y finjo ser mejor de lo que soy;
que muchas veces mi sinceridad es solo una cuestión de sagacidad;
que muchas veces mi muestra de cariño hacia mis amistades son solo una refinada manera de atenderme a mí mismo:
que muchas veces el perdón que ofrezco a mi enemigo no es más que cobardía;
que muchas veces hago buenas obras para que los hombres las vean y desisto de las malas
porque temo que las descubran.

Te bendigo, mi Santo Dios, por el insondable amor impulsado por el cual has ordenado que espíritu con espíritu se encuentren y que yo, un débil y fallido mortal, pueda tener libre acceso al corazón de Aquel que mueve las estrellas.[4]

CAPÍTULO

16

Nuestros mayores temores en cuanto a Dios

«Creo que en lo profundo de mi ser no quiero hablar con Dios», confesaba Tammy frente a un pequeño grupo en un retiro de la iglesia. «Tengo miedo de una relación íntima con Dios. Tantas veces le he pedido ayuda y después he pecado. Dios tiene que estar desilusionado conmigo. No soporto eso. Aborrezco decir: "Señor, soy yo otra vez. El mismo cuento". Así es que ya no oro más».

Disfrutar de la compañía de Dios es difícil cuando le tenemos miedo a Dios. El miedo nos lleva a mantenernos a cierta distancia de Dios, a veces manteniéndonos ocupados en hacer cosas para Él. Si nuestros temores con respecto a Dios son numerosos, quizás lleguemos a visitarlo solamente los domingos. La intimidad con Dios no nos sienta. Si Dios barrió con todas aquellas personas en batallas del Antiguo Testamento, ¿ahora a quién?

Disfrutar de la compañía de Dios es difícil cuando le tenemos miedo a Dios. El miedo nos lleva a mantenernos a cierta distancia de Dios, a veces manteniéndonos ocupados en hacer cosas para Él.

Si pudiéramos apagar las luces, escondernos en un armario y decir lo que realmente sentimos, quizás nos preguntaríamos: *Aquí estoy leyendo un libro acerca de deleitarme en la presencia de Dios. ¿Deseo estar alrededor de Dios todo el día? Sinceramente, tengo miedo de que Dios no es bueno ni justo. (¿No tiene Dios cambios de estado de ánimo?)*

Este temor nos afecta totalmente: nuestra capacidad de llevarnos bien con los demás, nuestro sentido de autoestima, nuestra capacidad de servir, nuestro deseo de hablar con Dios. Si queremos seriamente disfrutar de la presencia de Dios, necesitamos explorar verdades que mitiguen esos miedos.

VERDADES ACERCA DE DIOS QUE NOS EVADEN

Dios es misterio

Los caminos de Dios no necesariamente podemos entenderlos:

> Porque mis pensamientos no son vuestros pensamientos, ni vuestros caminos mis caminos, dijo Jehová. Como son más altos los cielos que la tierra, así son mis caminos más altos que vuestros caminos, y mis pensamientos más que vuestros pensamientos (Isaías 55.8-9).

Mucho de lo que sucede a este lado del cielo nos está velado, hasta nos confunde.

El problema es que pretendemos entender a Dios, y nos incomodamos cuando no sucede. Nuestra cultura nos ha enseñado que podemos entenderlo todo si lo estudiamos con detenimiento, y una vez que lo entendemos, lo podemos dominar. Con Dios no es así. Tratar de entender a Dios es una meta fútil. Tratar de controlarlo es frustración garantizada.

Pero es difícil tener una relación con alguien que no entendemos. Entonces, ¿cómo podemos relacionarnos con Dios? Dios nos ha dado metáforas de paternidad y amistad, y estas nos pueden ayudar. Las relaciones padre-hijo sólidas y la amistad verdadera pueden crecer a pesar de que no podemos entendernos siempre. Un hijo típico lloriquea y patalea si no consigue lo que quiere de su padre. Yo he hecho lo mismo con Dios.

Cuando lo que deseaba con desesperación no ha acontecido, he llegado a suponer que a Dios no le importaba como me sentía. Me llevó un tiempo entender que en mi relación con Dios, igual que en una relación de amigos, se requiere la aceptación de la otra persona, no un conocimiento y entendimiento completo de las acciones de esa persona.

Dios es bueno

La Biblia enfatiza que Dios es bueno y declara que la maldad viene del príncipe de este mundo, no de Dios (Salmo 73.1-2; 86.5; 118.29; Nahum 1.7; Juan 12.31). Igual, cuestionamos la bondad de Dios cuando no se comporta de maneras que parezcan buenas. Cuando sus más altos y misteriosos métodos no parecen tener sentido, lo rechazamos como imprevisible y caprichoso.

Otra vez, el problema es que esperamos entender a Dios. Su bondad quizás no tenga sentido para nosotros debido a nuestras limitaciones humanas. ¿Podemos aceptar eso?

Dios tampoco es dócil ni manso según nuestras medidas, pero eso no significa que no sea bueno en maneras que superan nuestro entendimiento.

Varios de los personajes de *Las crónicas de Narnia* demuestran poder aceptar las formas misteriosas de Dios aun cuando no las entienden. Con respecto al león Aslan, que representa a Cristo, el último rey de Narnia en *La última batalla*, dice: «Aslan no es un león *dócil*».[1] En *El león, la bruja y el guardarropa*, el señor Beaver dice: «¿Quién dijo nada acerca de seguridad? Claro que con él [Aslan] no hay seguridad. Pero él es bueno».[2]

Dios tampoco es dócil ni manso según nuestras medidas, pero eso no significa que no sea bueno en maneras que superan nuestro entendimiento. Que no sea dócil ni manso tampoco quiere decir que no desea cargarnos y llevarnos a cuestas en momentos de peligro y deleitarse en nosotros en los intermedios.

La ira de Dios no es como la ira del hombre
Muchas veces las personas ven a Dios como una proyección de su propia personalidad. Si al enojarnos deseamos abofetear al otro, quizás supongamos que Dios también. Si nos enfurruñamos y permitimos que la ira se anide en nosotros, pudiéramos actuar pensando que la ira de Dios arde contra nosotros.

¿Cuál es la verdad acerca de Dios y su ira? Es distinta a la ira del hombre:

> Porque Dios soy y no hombre, el Santo en medio de ti; y no entraré en la ciudad. (Oseas 11.9)

Dios se enoja en respuesta a los errores morales del hombre, pero Él no tiene ataques de rabia. Al contrario de nosotros, es justo aun cuando está enojado. Dios se deleita en mostrar compasión, no en demostrar su poder en acciones irracionales e insensatas (Miqueas 7.18). Eso significa que somos injustos al suponer que Dios quiere venganza cada vez que hacemos algo que está mal.

Dios es misericordioso
Debido a que muchas cosas acerca de Dios son misteriosas, es bueno concentrarnos en lo que entendemos acerca de la misericordia de Dios.

- Dios sufre por nuestros pecados de la misma manera que los padres sufren por el pecado de sus hijos (Génesis 6.6-7).
- Dios no se deleita en la muerte del vil y quiere que toda persona se responsabilice de su mal y se arrepienta (Ezequiel 33.11; 1 Timoteo 2.4).
- Dios entiende que los humanos tienen dificultades en entender su justicia en contraste con su misericordia, y permite que se le pregunte al respecto (Génesis 18.20-33).

Nuestra desobediencia enfurece a Dios, pero también le parte el corazón. Oseas 11 nos permite mirar detrás del telón el corazón de Dios. En este pasaje, Dios pareciera pasearse de un lado al otro al considerar el castigo de Israel. En los versículos del 1 al 4, habla acerca del amor que siente hacia su hijo rebelde, Israel:

> Cuando Israel era muchacho, yo lo amé, y de Egipto llamé a mi hijo. Cuanto más lo llamaba, tanto más se alejaba de mí; a los baales sacrificaban, y a los ídolos ofrecían sahumerio. Yo con todo eso enseñaba a andar al mismo Efraín, tomándole de los brazos; y no conoció que yo le cuidaba. Con cuerdas humanas los atraje, con cuerdas de amor; y fui para ellos como los que alzan el yugo de sobre su cerviz, y puse delante de ellos su comida.

Entonces en los versículos 5 al 7 Dios adopta una posición de amor disciplinario y habla del castigo de Israel.

> No volverá a tierra de Egipto, sino que el asirio mismo será su rey, porque no quisieron convertir. Caerá espada sobre sus ciudades, y consumirá sus aldeas; las consumirá a causa de sus propios consejos. Entre tanto, mi pueblo está adherido a la rebelión contra mí; aunque me llaman el Altísimo, ninguno absolutamente me quiere enaltecer.

Pero Dios lucha con esta dura disciplina. En el próximo versículo dice,

> ¿Cómo podré abandonarte, oh Efraín? ¿Te entregaré yo, Israel? ¿Cómo podré hacerte yo como Adma, o ponerte como a Zeboim? Mi corazón se conmueve dentro de mí, se inflama toda mi compasión.

Los padres atraviesan angustias similares al disciplinar a sus hijos. El ver a Dios en esta angustia nos enseña a confiar de que Él imparte justicia y misericordia con sabiduría, aun cuando no lo entendemos.

El conocimiento humano es limitado

Dios a veces parece injusto porque el hombre solo conoce una pequeña parte de la historia. Suponga que espía a su vecino a través de una ventana y ve que le esta propinando una paliza a su hijo. Usted puede suponer que su vecino está fuera de sí. Pero como no oyó las advertencias ni se enteró de la flagrante rebelión, juzga al padre por el minuto o dos que usted percibió. Con respecto a las batallas del Antiguo Testamento, es fácil olvidar cuántas advertencias Dios impartió, cuántos profetas envió a Israel y a las naciones vecinas. El castigo no fue arbitrario (1 Samuel 15.6). No sabemos la realidad de cada nación, ni el propósito del Antiguo Testamento al explicarnos esto. También, debemos mantener en consideración que Dios sobresale en el rescate de personas que están detrás de la escena. (Un ejemplo es la intervención de Dios en el caso Abraham/Abimelec/Sara. Véase Génesis 20, especialmente el versículo 6.)

Los conceptos humanos acerca de Dios pueden estar nublados

En la parábola de Jesús con respecto a los tres siervos, el tercer siervo erróneamente visualiza a su señor como un hombre «duro» quien exprimía dinero y cosechas de otros (Mateo 25.24). Como resultado, con necedad escondió el talento en la tierra. De la misma manera, nuestro concepto de Dios como una persona «dura» nos persuade a enterrar tesoros que son nuestros, como el don de su presencia.

La distorsión más frecuente es atribuir a Dios la irracional e indisciplinada ira de un adulto de nuestra niñez. Tales relaciones reforzaron autocríticas negativas, que podemos confundir con la voz de Dios: eres feo, no tienes valor, eres inadecuado. Estas distorsiones no se corrigen fácilmente, pero pueden corregirse a través del complicado pero interesante proceso de...

- estudiar la verdad acerca del carácter de Dios;
- dibujar esa verdad en nuestro corazón;
- reforzar las relaciones con quienes reflejen mejor la gracia de Dios; y
- desarrollar una relación de tú a tú con Dios que sea suficientemente flexible para que podamos ventilar nuestros dolores ante Él.

Algunos quizás necesiten rehacer la imagen que tenemos de

Dios, si está nublada por las experiencias de la vida. Si algunos nombres de Dios o metáforas nos producen temor, quizás necesitemos usar alternativas. Por ejemplo, si la imagen paternal no nos ayuda, quizás necesitemos considerar la relación Creador-obra de arte que tenemos con Dios. Somos su nueva creación, la obra de sus manos (véanse 2 Corintios 5.17; Isaías 29.23).

En este capítulo, hemos hablado del miedo de que Dios no sea bueno ni justo, y en el próximo capítulo veremos otro temor común acerca de Dios. Si al leer estos capítulos, sentimos que los temores en estas cuestiones son considerables en nosotros, sería bueno leer uno de los muchos libros sobre la materia. Su librería cristiana puede iniciarlo en la dirección correcta. Esas fuentes pueden ayudar a que encontremos la paz para habitar con Dios y disfrutar su presencia (Efesios 3.17).

TEMAS DE REFLEXIÓN
EXPERIMENTOS PARA CONSIDERAR

Si pudiera preguntarle a Dios acerca de sus «medios misteriosos», ¿que le preguntaría?

Lea el Salmo 139.2-5, impreso abajo.

> Tú has conocido mi sentarme y mi levantarme;
> Has entendido desde lejos mis pensamientos.
> Has escudriñado mi andar y mi reposo,
> Y todos mis caminos te son conocidos.
> Pues aún no está la palabra en mi lengua,
> Y he aquí, oh Jehová, tú la sabes toda.
> Detrás y delante me rodeaste,
> Y sobre mí pusiste tu mano.

Marque lo que resuma su reacción a este salmo.

- ☐ Me siento seguro al conocer esto.
- ☐ Me siento inquieto al conocer esto.

- ☐ Me gustan estas ideas, pero probablemente no entiendo ni absorbo lo que quieren decir. (Esta es la reacción del salmista, quien escribe en el versículo 6: «Tal conocimiento es demasiado maravilloso para mí; alto es, no lo puedo comprender».)

¿En qué verdades acerca de Dios entiende que necesita concentrarse más?

CAPÍTULO

17

Cuando creemos que Dios nos ama

Una noche al tercer año de encontrarme dirigiendo un grupo de apoyo para personas con desórdenes alimenticios, noté que el mismo tema parecía surgir cada semana. De maneras diferentes los miembros del grupo expresaban dudas de que Dios los amara. A la semana siguiente les pedí que se expresaran en cuanto a esto, pero todos insistieron que no dudaban de que Dios los amara.

Así que inicié el momento de expresar temas generales, y para mi sorpresa, los comentarios de duda volvieron a surgir: «Dios probablemente está cansado de oírme», «Dios debe ponerse furioso cuando pienso esto», y «No sé cómo Dios me aguanta». Fue entonces que comprendí que muchos de nosotros ni nos damos cuenta de la inseguridad que tenemos acerca del amor de Dios. Empecé a mirar en mi interior para ver si yo realmente creía que Dios me amaba y a tratar de explicarme el porqué de la distancia entre nosotros.

Atada por el miedo que ya consideramos en el capítulo anterior *(Temo que Dios no sea bueno ni justo)* aparece otro miedo: *Temo que Dios no me ame.* No reconocemos este temor porque no siempre estamos conscientes del mismo. Pero cuando comenzamos a verter nuestra angustia ante Dios de una manera franca y sincera, nos preguntamos si Él tiene suficiente compasión para «aguantarnos». O pensamos que es bueno aprender a escuchar a Dios, pero, ¿qué si nos manda a la porra? Es posible que lo que pasa es que no lo queremos escuchar, por temor a que nos obligue a hacer algo que detestamos. Si nos cuesta trabajo disfrutar de la presencia de Dios en ciertos momentos de la vida, puede ser una señal de que tememos que Dios no nos ama.

Pero parece una insolencia expresarlo. ¿Cómo podemos dudar del amor de Dios cuando hemos dicho y cantado «Cristo me ama»? Repetir el versículo «Dios me ama» (1 Juan 4.8) no quiere decir que es una convicción profunda. Las bromas y comentarios acerca de que Dios nos envía tal o cual problema para «hacernos reaccionar» o para «fortalecernos» hablan de lo que creemos. Explican nuestra vida de oración distante. ¿Quién quiere estar siempre en la presencia de un policía cósmico? La oración puede convertirse en una ropa dominguera que nos ponemos ante Dios. Vivimos en un frenesí porque si dejamos de correr, quizás tendremos que enfrentar un silencioso vacío o el constante sermoneo de la voz de Dios. No estamos seguros si Dios está empeñado en sorprendernos o en salvarnos.

Si nos cuesta trabajo disfrutar de la presencia de Dios en ciertos momentos de la vida, puede ser una señal de que tememos que Dios no nos ama.

Luchamos por creer que somos objetos del amor de Dios. Un ex profesor de religión de la Universidad de Yale, Henri Nouwen, que ahora vive en L'Arche Community of Daybreak en Toronto, Canadá, habla de esta lucha:

> Aunque la experiencia de ser amado nunca ha estado completamente ausente de mi vida nunca la he considerado mi verdad central. Di vueltas y más vueltas en busca de algo o alguien que me convenciera de que en realidad me amaba. Estaba mucho más dispuesto a escuchar las otras voces más fuertes que me decían: «Prueba que tienes al-

gún valor; haz algo que sea relevante, espectacular o tremendo, y así ganarás el amor que tanto deseas». Mientras tanto, la voz serena y suave que habla en el silencio y la soledad de mi corazón seguía sin ser escuchada o, por lo menos, sin convencer.[1]

El temor de que Dios no nos ama de veras es tan sumamente importante que merece un capítulo entero para analizarnos introspectivamente y ver lo que nuestro comportamiento nos dice acerca de lo que creemos acerca del amor de Dios.

¿MEREZCO EL AMOR DE DIOS?

Se nos ha dicho que no tenemos que llenar requisitos de buen comportamiento para recibir la atención de Dios, pero nos resulta difícil creerlo. Para superar esa barrera, es bueno fijarnos en el comportamiento de Dios con personajes del pasado. Por ejemplo, imaginemos a Agar, quien odiaba a su señora y languidecía en el desierto. Aun cuando es cierto que Abraham y Sara no habían sido justos con ella, Agar no estaba sin culpa. ¿Se puede decir que merecía la presencia de Dios? No.

Pero allí en el desierto Dios le proporcionó un manantial salvador que Agar no merecía. A ella, miembro de segunda de la casa del elegido, Dios la vio y atendió en aquel momento de desolación. Ella expresó palabras que debemos pasar el resto de nuestras vidas absorbiendo: «Tú eres Dios que ve» (Génesis 16.13).

¿Pero qué si uno ha pecado en demasía? Jesús contó la historia de un muchacho que de tal manera había pecado moral, religiosa (¿qué hacía un muchacho judío de buena familia alimentando cerdos?) y financieramente que nunca podría pagarlo. Jesús describió la dramática escena de un padre jubiloso que corre a abrazar al muchacho a pesar de su pecado. ¿Cómo supo que el muchacho volvía? ¿Había estado por años vigilando desde el tejado o había situado sirvientes en el camino pendientes del muchacho? Solo sabemos que el padre presintió el cambio de su hijo y lo perdonó antes de que este pudiera pedir perdón (Lucas 15.11-32). Dios espera aún con mayor anhelo que nos dirijamos a Él para darnos entrada en su hogar. «Siempre, en todos lados, Dios está presente, y siempre busca que cada uno de nosotros lo descubra»,[2] escribió A.W. Tozer.

Este énfasis en el amor no significa que Dios no demanda de nosotros obediencia. Dios es más duro que mi maestro de octavo grado que nos daba tareas insufribles. La diferencia es que Dios está de nuestro lado para explicarnos las tareas, tocar a la puerta cuando es hora de hacerlas y ayudarnos a encontrar las respuestas.

El amor de Dios nos sale al encuentro y nos dice que no sigamos preguntando qué debemos hacer para que nos ame y valore porque su respuesta es que no hay que hacer nada.

El creer que Dios nos ama nos equipa con una visión clara de quiénes somos. Cuando nos pavoneamos de importantes es claro que pretendemos que nos amen y valoren. El amor de Dios nos sale al encuentro y nos dice que no sigamos preguntando qué debemos hacer para que nos ame y valore porque su respuesta es que no hay que hacer nada. Él ya nos ama y valora de una manera más profunda y constante que cualquier humano. En momentos de profundo dolor cuando una amistad se muda o al agonizar por un proyecto que falla, al fin comprendemos que Dios es el amigo que puede llenar nuestro ser destrozado y vacío.

VIVAMOS EN LA VERDAD DEL AMOR DE DIOS

Nos cuesta creer esa verdad porque aunque nuestra mente lo acepta, nuestro corazón necesita tiempo para procesarlo. Cuesta trabajo digerir esta verdad lo suficiente para que retumbe en nosotros e ilumine nuestra perspectiva.

Empezamos empapándonos en esta verdad y experimentando con distintos métodos para absorberla: contemplamos, garabateamos, creamos pasos, le ponemos música a las palabras de Dios, oramos expresándole nuestro amor, cualquier cosa que la entreteja en nuestro ser. A veces oigo una canción acerca del amor de Dios por mí muchas veces, y permito que me bañe totalmente hasta sentirme totalmente inmersa en ella. Otras veces me veo como el hijo pródigo que llega al hogar del padre y lo veo correr hacia mí para abrazarme, o me siento en una montaña de gratitud al comprender que, como Agar, no he hecho nada para merecer un pozo salvador, pero Él me lo ha concedido porque jamás me abandonará.

Empaparnos en una palabra o frase nos ayuda a vivir en la verdad que expresan. Me gusta empaparme en la frase *cuál amor* en el contexto del versículo: «Mirad cuál amor nos ha dado el Padre, para que seamos llamados hijos de Dios» (1 Juan 3.1). La frase «cuál amor» me expresa que su amor siempre será suficiente para saciar mis necesidades.

Otro trasmisor poderoso del amor de Dios es el rostro compasivo de amigos que nos aceptan cuando no mostramos nuestra mejor cara. Al ir desarrollando nuestros propios símbolos del amor de Dios, podemos usarlos para volver a sumergirnos en su verdad y levantar allí nuestro tabernáculo.

Describí una de las maneras de procesar esta verdad en el libro *Healing Hurts that Sabotaged the Soul* [Cómo sanar de los dolores que sabotean el alma], que escribí con Curt Crayson:

> Un especialista de desarrollo infantil me aconsejó que comprara una lámina de Jesús con un niño en su regazo para que mi hija entendiera que Él la ama. En la lámina que le compré, Jesús toca delicadamente a una niña mientras le pone la mano en la cabeza. Tiene su mejilla contra la mejilla de la niña y ella parece tener paz. A veces cuando he fallado o me siento sola, quito la lámina de la pared del cuarto de mi hija, la llevo a mi trabajo y la coloco detrás del monitor de mi computadora. A través del día, miro la lámina y me veo como aquel niño. Pienso que Dios me ama al mismo tiempo que me consuela.[3]

NUEVA LIBERTAD

Enfrentar nuestras dudas acerca del abundante amor de Dios nos libera para disfrutar de la presencia de Dios en más rincones de nuestra vida. No hay temas que no puedan tratarse:

sexualidad, deportes, diversión. Vemos que Dios quiere hablar con nuestro ser de siempre tanto como con nuestro ser de la iglesia.

La división entre lo sagrado y lo secular puede desvanecerse. Si vivimos conscientes de que Dios está presente y participa en todo, comprenderemos que Jesús estaba haciendo un trabajo sagrado no solo cuando enseñaba en la sinagoga sino también cuando como un carpintero construía una mesa o silla para una familia. No es una cuestión de «llevarnos a Cristo al trabajo» ni de «invitarle a nuestra casa», sino de reconocer la actividad de Dios en la vida diaria.

Creer en el corazón y en las entrañas que Dios nos ama nos hace más fácil disfrutar del tiempo que pasamos con Dios. Al convertirse en el tierno Amigo y sabio Padre que hemos deseado, con alegría «perdemos» el tiempo que sea necesario para estar con Él.

TEMAS DE REFLEXIÓN
EXPERIMENTOS PARA CONSIDERAR

¿Habrá algo que deba decirle a Dios que nunca le ha dicho?

¿Cuándo siente más que Dios lo ama?

¿Cuándo le ha mostrado Dios compasión aun cuando merecía menos?

Si pudiera imaginar un cuadro de Dios con usted basado en el siguiente versículo, ¿cómo sería? «Mirad cuál amor nos ha dado el Padre, para que seamos llamados hijos de Dios» (1 Juan 3.1).

CAPÍTULO

18

Un nuevo «devocional»

John Duckworth, en el libro *Just for a Moment, I Saw the Light* [Solo por un momento, vi la luz], da otro giro al tradicional concepto del «devocional».

> Acababa de regresar de una convención de libreros cristianos, donde mi trabajo como editor era recorrer de arriba a abajo los pasillos con hileras de puestos llenos de libros, calcomanías, casetes, llaveros, placas y esponjas con versículos. Cuanto más veía, más me molestaban las chucherías y nimiedades publicitarias. Pero yo también utilizaba estas cosas en mi trabajo. Si algunos de estos exhibidores eran comerciantes en el templo, yo también lo era.
>
> Me fui de la convención con la necesidad de disculparme ante Dios. No fue sino hasta que llegué a la casa, sentado en mi hogar vacío en el medio de la tarde, que pensé que debía disculparme debidamente. Me senté en el sofá e incliné la cabeza. Pero por alguna razón no podía orar. Esta no es la posición correcta, pensé. He estado pensando de mí más alto de lo que debo, y debía descender. Me arrodillé, no podía recordar la última vez que lo había hecho, pero probé hacerlo. Tampoco me sentí bien. Sentí que debía descender aún más. La única otra postura que se me

ocurrió fue la que utilizan los musulmanes al orar dirigiéndose a Meca. *Es demasiado extraño*, pensé. Nunca había orado así. No podía hacerlo.

Pero unos momentos después me encontraba de cara al piso con la frente en la alfombra. Al fin me sentía bien. Comencé a orar, pero me detuve. No me pareció tiempo de hablar, sino de escuchar. Esperé un largo tiempo, un versículo que había conocido por años se susurró en mi mente: Estad quietos y conoced que yo soy Dios (Salmo 46.10).

Era tan simple ese versículo. Si conocer a Dios pudiera ser tan sencillo. Si no fuera una cuestión de devocionales, de un firme sistema de lecturas y oraciones, de largo desfile de leyes ancestrales e internos monólogos obligatorios.

Postrado en el piso esa tarde, de pronto sentí el deseo de conocer al Dios que me invitaba a tal cosa. Deseé encontrarme con Aquel que sentía satisfacción en el silencio de ese momento, Aquel cuyo yugo era menos pesado que leer Levítico a las cuatro de la mañana. Solo quería estar quieto y conocer a Dios.

Lo deseaba de tal manera que la próxima mañana me levanté media hora antes y me postré otra vez en el piso. Así lo hice la mañana que siguió, y también la mañana siguiente. Al principio no traía mi Biblia. Solo limpiaba mi mente y pensaba en ese versículo. Pronto me encontré con el deseo de adorar a este Dios que estaba tan por encima de mí. Hablaba con Él un poco o pensaba en un himno. Pero mayormente permanecía quieto. Luego traje mi Biblia y leí de este Dios que le había pedido al salmista, a Job, a Pedro y a tantos otros que estuvieran quietos, después de lo cual yo permanecería quieto también.

Un mes de mañanas se convirtieron en dos, luego en tres. Seis meses pasaron, luego un año. Pero eso no es hazaña. Fue comer porque tenía hambre. Fue olvidarme de las reglas y compensarlo al andar. Fue una de las cosas más fáciles que jamás he hecho.

Mi horario matutino ha cambiado desde entonces. He cambiado la postura, y también he pasado momentos sin esos períodos en silencio y adoración y reflexión. Pero esos huecos no me hacen entregarme. Me cansan. Me dan hambre. Ahora conozco un gran lugar de descanso para detenerme a comer.[1]

Algunos podrán pensar que practicar la presencia de Dios toma el lugar que reservamos para el momento devocional. No necesariamente. Más que nunca, uno puede anhelar un lugar para comer que sea bueno. Una oración aquí y allá no resulta ya.

Además, un momento devocional nos enseña a concentrarnos y escuchar a Dios, capacidades necesarias para disfrutar de la presencia de Dios. El devocional es para el cristiano lo que la práctica de batear es para el jugador de béisbol que practica hasta que batea automáticamente durante el juego.[2] Nosotros, de igual modo, practicamos nuestra capacidad de hablar y escuchar en los momentos devocionales hasta que lo hacemos con naturalidad en nuestro diario vivir.

Un momento devocional nos enseña a concentrarnos y escuchar a Dios, capacidades necesarias para disfrutar de la presencia de Dios. El momento devocional es para el cristiano lo que la práctica de batear es para el jugador de béisbol que practica hasta que batea automáticamente durante el juego.

Disfrutar de la presencia de Dios y deleitarnos en ella puede llevarnos a que nuestro devocional se informalice un poco (quizás olvidando las reglas y compensándolo sobre la marcha). Podemos vernos a veces escapando del rincón habitual a un parque. Muchos buenos libros se han escrito acerca de tener momentos de receso con Dios, pero he aquí hay algunas actividades que a veces no se nos ocurren y que nos preparan para una diaria percepción de Dios.

APRENDAMOS A DISFRUTAR LA SOLEDAD

La soledad es mucho mayor y mejor que estar solo en nuestro automóvil por unos minutos. A Jesús parecía no bastarle los momentos a solas. Los Evangelios están llenos de momentos en que Jesús buscaba estar a solas. Sus escapadas más comunes eran al romper el día cuando se iba a un lugar solitario (Lucas 4.42) después de un día de buscar seguidores, expulsar demonios y sanar enfermos (Marcos 1.21-35). Cuando se enseña este pasaje, se enfatiza que después de un día agotador la mayoría de nosotros se queda durmiendo, pero Jesús no. Correcto, pero esto también crea sentimientos como los antes expresados por Duckworth en cuanto a que los momentos devocionales son algo en que «avanzamos pesadamente bajo lluvia o sol».

El versículo no expresa lo que Jesús tenía en mente, así es que veamos esta alternativa. Después de un día caótico orientado a servir a las personas, estaba cansado, pero debido a que le encantaba pasar tiempo con Dios el Padre, quizás sentía gran deseo de despertarse temprano para encontrarse con su Padre. Después de un día de servicio atareado, muchas veces anhelo un tiempo a solas con Él. Hallo que tengo mucho que decirle a Dios y mucho que escuchar. En el caso de Jesús, el anhelo era tan intenso que no le preocupaba que los necesitados del día anterior necesitaran mucha atención. Jesús dejaba a aquellos nuevos seguidores y ex posesos en las manos de Dios. Parecía ser un Mesías sin complejo de mesías.

En la soledad, los defectos de nuestro carácter salen a la superficie. La soledad nos puede llevar a estar dolorosamente conscientes de nuestra tendencia a aferrarnos a las cosas y pavonearnos a través del escenario de la vida. La soledad nos enseña a acallar nuestros más vehementes deseos y dominar nuestras distracciones, para que podamos en la vida estar más atentos a Dios y escuchar su voz.

La soledad cambia también nuestro carácter. Henri Nouwen escribe que la soledad «moldea y convierte a los santurrones en personas dóciles, compasivas, perdonadoras que están tan profundamente convencidas de su pecaminosidad y tan plenamente conscientes de la aun mayor gracia de Dios que su vida en sí se vuelve un ministerio».[3] Los momentos en soledad me ayudan a aceptar mucho mejor las críticas. Cuando mi esposo comenzó a pastorear una nueva iglesia, una señora señaló que yo había pasado fuera varias semanas seguidas enseñando y dictando conferencias, y comentó: «Su carrera es más importante que la iglesia». Años atrás, ese comentario me hubiera devastado. Pero me postré con el rostro en el piso y le pregunté a Dios si su intención era que yo hablara públicamente, y si lo era, cuál debía ser el enfoque. La respuesta a través de los años había sido clara: los retiros son mi especialidad. De todas maneras, después de escuchar el comentario de esta señora, llevé a Dios por un tiempo la pregunta de lo que Él quería de mí. No presentí ningún cambio de dirección, pero sí un cambio en mí. Sentí una compasión por mis críticos que necesitaba, y pude responder con una delicadeza que me sorprendió.

La soledad proporciona una seguridad en Dios que impide que seamos víctimas de las opiniones de otras personas. El silencio ante Dios nos ayuda a ver que Dios hace grandes cosas sin que tengamos que arreglar y rescatar a todo necesitado. Cada vez que nos sentimos vacíos podemos darnos cuenta de que es un indicio de la necesidad de pasar tiempo a solas con Dios y escuchar su suave y pacífica voz. Poco a poco aprendemos a hacerlo bajo cualquier circunstancia.

La ayuda mayor para descansar en soledad es un ejercicio de «palmas abajo, palmas arriba» que describe Richard Foster:

> Comienza poniendo tus palmas hacia abajo como indicación simbólica de que deseas entregar tus necesidades a Dios. Internamente, puedes orar como sigue: «Señor, te entrego la ira que siento contra Juan. Renuncio al temor que me produjo la cita con el odontólogo esta mañana. Te entrego mi afán por no tener suficiente dinero para pagar las cuentas de este mes. Renuncio a la frustración que me vino al tratar de hallar alguna persona para que se quedara con los niños esta noche». Luego de varios momentos de entrega, levanta tus manos como símbolo de tu deseo de recibir del Señor. Tal vez ores en silencio: «Señor, me gustaría recibir tu amor divino para Juan, tu paz con res-

pecto a la cita con el odontólogo, tu paciencia, tu gozo». Después de haberte concentrado, pasa el resto del tiempo en completo silencio. No pidas nada. Permite que el Señor te hable, que te ame. Si percibes algunas impresiones o instrucciones, bien; si no, bien.[4]

DISFRUTEMOS A DIOS EN ADORACIÓN

El Hermano Lawrence adoraba todas las veces que podía,[5] pero adorar no es fácil para todos. Enseñar a mis hijos a adorar cuando eran pequeños fue mi mejor entrenamiento. A mi hijo (todavía casi un bebé) y a mí nos podían oír diciendo «alabado sea Dios» ante una puesta del sol. Aquí tiene algunas cosas para experimentar durante su momento a solas y agudizar esta capacidad.

Parafraseemos los salmos. Al hacerlo los adaptamos a nosotros. «Jehová es mi pastor, nada me faltará» (Salmo 23.1) se convierte en «Señor, tú siempre me cuidas, nada me asusta» o «Mi Señor, mi guardaespaldas» o «mi mentor».

Concentrémonos en las cualidades de Dios. Sería bueno formarnos imágenes mentales de las mismas. Por ejemplo, el poder de Dios se nos hace más real al imaginarnos a Dios revisando cada falla geológica. El cuidado de Dios cobra sentido cuando observamos los ciclos de la naturaleza: aun la vegetación que se pudre se descompone al fertilizar la tierra. La sabiduría de Dios que todo lo abarca es notable cuando lo vemos suplir las necesidades de las personas incluso antes de que estas se den cuenta de que tienen esa necesidad.

Cantémosle himnos al Señor. En vez de simplemente cantar algo *acerca* de Dios, reconocemos su presencia entre nosotros al hablarle directamente. Al alimentar a mis bebés durante la noche, siempre me quedaba dormida en la mecedora. Finalmente me aprendí todas las estrofas del himno *Grande es tu fidelidad*, y en poco tiempo no solo no me quedaba dormida, sino que le lanzaba palabras a Dios, quien se había convertido en mi compañero en la oscuridad.

Meditemos en pasajes bíblicos «majestuosos». Esto nos sintoniza las realidades celestiales más allá de nuestras experiencias terrenales. «Cantad a Dios ... al que cabalga sobre los cielos de los cielos ... He aquí dará su voz, poderosa voz» nos pinta un formidable cuadro de un Rey y Creador (Salmo 68.32-33). Jack R. Taylor escribe: «La perspectiva de adorar no es otra cosa que el salón del trono del universo donde vemos a Dios sentado en el trono. ¡Dios Reina! ... ¡Cuando vemos a Dios como es, adoramos a Dios como se debe!»[6]

SABOREEMOS LAS PALABRAS DE DIOS

«La meditación es simplemente el arte de pensar firme y metódicamente en cuestiones espirituales», escribió Evelyn Underhill,[7] pero lo complicamos. El relato del Hermano Lawrence de cómo se sentía ante Dios me recuerda la escena del Salmo 23.5 en que estamos sentados a su mesa con nuestros enemigos:

> Me considero el más vil de los hombres, lleno de llagas y corrupción, que ha cometido toda clase de delito contra su Rey. Tocado por un sensible arrepentimiento, le confieso mi maldad, le pido perdón ... El Rey, lleno de misericordia y compasión, muy lejos de castigarme, me abraza con su amor, me lleva a comer a su mesa, me sirve con sus manos, me da la llave de sus tesoros; me habla y se deleita conmigo incesantemente y en mil maneras, y me trata como si fuera su favorito.[8]

Al imaginarnos el pasaje de esta manera, permanece con nosotros y a menudo nos rescata en el diario vivir. Por ejemplo, un día en que debía leer, no podía. Mi esposo había perdido su empleo a los pocos días de haber comprado nosotros una casa con pago mensual del tamaño de California. ¿Bastaría mi entrada y cualquier entrada que él pudiera generar para enfrentar los pagos? Yo había escrito lo suficiente con respecto al problema de los desamparados para conocer que muchas familias de clase media terminaban en la calle. ¿Nos pasaría eso?

En ese momento una imagen me apareció en la mente y me llenó de terror. Me hundía en el mar, tratando de sostenerme de un madero después de haberse hundido el barco en que viajaba. Tenía el rostro achicharrado, la boca reseca, los labios hinchados. ¿Habría tiburones merodeando?

Algunos podrán decir que esta imagen mental fue un ataque del enemigo, y supongo que así era. Pero otra escena se impuso a la anterior. Se basaba en el Salmo 18.4-19 con una imagen dramática de rescate tipo Cecil B. Mille. Vi el versículo 5 tomar forma en mi mente:

> Ligaduras del Seol me rodearon,
> Me tendieron lazos de muerte.

Pero Dios acudió a mi rescate, como John Wayne en alguna película del Oeste o Luke Skywalker en *Guerra de las galaxias*. En mi imaginación temerosa, una palabras bien conocidas tomaron forma: Vi a Dios salir del cielo, montar en un querubín y volar. Llegó con granizos y carbones de fuego. Lanzó saetas de fuego y relámpagos, y me sacó de aguas profundas (Salmo 18.9-14).

Al acercarse Dios y respirar fuerte, las aguas del mar se dividieron y pude ver al descubierto el fondo del océano. Entonces Dios extendió su mano desde allí y me sacó de las muchas aguas profundas (Salmo 18.15-16). Por fin el conocido versículo que aprendí palpitó en mí:

> Me sacó a lugar espacioso;
> Me libró, porque se agradó de mí. (Salmo 18.19)

Abrí los ojos y supe que habría momentos de dificultad económica por delante nuestro, pero que habría rescates milagrosos a diestra y siniestra. En los meses subsiguientes, eso ocurrió. El diario vivir en esos meses de inseguridad adoptaron un ritmo de mayor fe gracias a la imagen que se forjó en la soledad de un momento de quietud.

TEMAS DE REFLEXIÓN
EXPERIMENTOS PARA CONSIDERAR

Si cambiara su devocional en alguna forma, ¿qué modificación haría?

Si Dios transformara su devocional en alguna forma, ¿cuál sería el cambio?

Considere preguntarle a Dios lo que necesita hacer con respecto a su devocional:

- Disfrutar de la soledad con Dios;
- Adorar a Dios con palabras que utiliza en su diario vivir;
- Ser totalmente sincero con Dios;
- Tomar las Escrituras que ya conoce para saborearlas en meditación.

EPÍLOGO

Qué esperar del peregrinaje

«Debo decirles», confesaba el Hermano Lawrence, «que en los primeros años sufrí mucho. La aprensión al pensar que mi devoción a Dios no era todo lo que debía ser, mis pecados pasados siempre presentes en mi mente y todos los favores inmerecidos que Dios había concedido, eran la causa de mis sufrimiento. Durante ese tiempo, me caí muchas veces, y me levanté otra vez».[1]

Antes de despedirnos, necesito decir explícitamente lo que he querido expresar: busque la presencia de Dios con todas sus fuerzas, pero *no se fatigue demasiado*. El Hermano Lawrence, al reconocer que ha caído tantas veces, nos permite ser más condescendientes con nosotros mismos cuando nos aventuramos durante uno, tres, cinco días sin concentrarnos en Dios. Con su ejemplo en mente, podemos empezar otra vez.

Esforzarnos demasiado en practicar la presencia de Dios produce discordancia[2] al igual que es un error luchar demasiado por adquirir esta o cualquier disciplina espiritual. No debemos ir tras una disciplina espiritual: debemos ir tras Dios. La disciplina nunca es más importante que el deseo de conocerle. Si monitoreamos la disciplina, midamos el progreso, no la perfección.

DEJEMOS EL HÁBITO DEL DESEMPEÑO

No podemos formarnos el hábito de disfrutar de la presencia de Dios; Dios lo forma en nosotros. «Olvidamos muy fácilmente que [la oración] es un acto sobrenatural, que como tal está más allá de nuestras propias fuerzas y que es solo alcanzable por gracia», escribió Jean Nicholas Grou. «Debemos seriamente pedirle a Dios que lo produzca en nosotros, luego debemos manifestarlo tranquilamente bajo su dirección».[3] En vez de luchar, esforzarnos o monitorear nuestra situación, debemos rendirnos a Dios. Para quienes estamos enviciados con la productividad, esto es revolucionario.

Sabemos que estamos forzando la situación cuando estamos descorazonados por nuestras faltas. Se dice del Hermano Lawrence que era «muy sensible en cuanto a sus faltas, pero no se descorazonaba por ellas»;[4] podría decirse de algunos de nosotros que somos tan sensibles en cuanto nuestras faltas que nos sentimos devastados.

Si descubre que está forzando demasiado las cosas, deje esta práctica por un tiempo. Richard Foster sugiere pedirle a Dios un receso. «Él es compasivo como siempre y entiende nuestra fragilidad».[5] Durante ese receso, pregúntele esto a Dios: ¿Por qué estoy esforzándome tanto? Esté abierto a la idea de que «la búsqueda de la perfección es muchas veces introversión santificada. El ideal es olvidarse de uno mismo como lo hizo María, que se sentó a los pies de Jesús arrobada ante su glorioso rostro, escuchando sus susurros y haciendo lo que Él pedía».[6]

Cuando abandonamos la necesidad de cumplir ante Dios nuestro corazón puede fijarse en las cosas de arriba y no en nuestra importancia personal. En vez de tratar de adquirir una relación con Dios guiada hacia lograr cumplimientos, disfrutar de la presencia de Dios nos dirige hacia:

- descanso en vez de productividad,
- mantener silencio en vez de hablar,
- escuchar en vez de aconsejar,
- habilitar a otros en vez de sermonearlos,
- preguntar en vez de conocer las respuestas,

- rendirnos en vez de apretar los dientes,
- dar en vez de consumir,
- procurar quebrantamiento en vez de promoción, y
- caminar hacia la simplicidad en vez de tratar de construir imperios.

ORE COMO PUEDA

Cuando no pueda orar, pídale a Dios que le muestre qué hacer. Cuatro días después del terremoto de Northridge en 1994, recibí una llamada telefónica de un editor amigo que me preguntó si me gustaría escribir un artículo sobre la confianza en Dios durante el terremoto. En ese momento me di cuenta que no recordaba haber orado ni pensado en Dios desde el terremoto. Me sentí culpable. ¿Cómo podía una cristiana como yo, especialmente una que había disfrutado de su presencia por años, no haber orado frente a una crisis? Había estado ocupada limpiando, cargando agua potable, corriendo en busca de protección después de cada movimiento sísmico, pero entre esos momentos me quedaba mirando aturdida al vacío.

Después de la conversación que mantuve con el editor amigo, comencé a ofrecer oraciones suspiro basadas en el Salmo 46.10. Por momentos, no podía orar más que las primeras dos palabras: «Estad quietos», pero la mención de esas palabras producía en mí un hambre de Dios que me impulsaba a arroparme con su presencia. Fue como encontrar la moneda perdida y deleitarme en ella otra vez.

Hay cosas que nos suceden en la vida que nos atrapan por días, semanas y meses. Estas sorpresas, algunas buenas y otras malas, se apoderan de nuestra existencia y parecen interrumpir la intimidad con Dios: un padre se enferma; un hijo es suspendido en la escuela; uno se enamora; uno consigue el empleo soñado. Pero si nuestra relación con Dios se ha convertido en una constante llama ardiente que se alimenta no de información o inspiración sino de la persona de Dios, podemos tranquilamente sumergirnos otra vez en el hábito, de la misma manera que uno recuerda montar en bicicleta. Trátese con suavidad. Comience otra vez con recordatorios y oraciones suspiro. La compañía de Dios puede salvarlo de la desesperación o mantenerlo en sus cabales durante el éxtasis. En momentos así, «ore como pueda, no como no pueda».[7]

FRUTOS CUANDO MENOS LO ESPERA

Otra cosa que sucede a menudo cuando disfrutamos de la presencia de Dios es que Dios nos empuja a la obediencia. Cuando queremos exagerar, hablar mal de alguien o evadir tareas necesarias, la intimidad con Él nos empuja a hacer lo correcto. La presencia de Dios en ese momento reemplaza lo que buscábamos con nuestra conducta indulgente. Orar por los enemigos mientras les hablamos permite que los veamos como hijos de Dios y que tengamos compasión de ellos. El mundo se centraliza menos en nosotros y más en la agenda de Dios.

Frank Laubach advierte que aunque nos lleva un tiempo aprender a practicar la presencia de Dios, con el tiempo resulta más fácil. «Después de meses y años de practicar la presencia de Dios, uno siente que Dios está más cerca; nos empuja desde atrás con mayor fuerzas y regularidad, y sus tirones desde adelante aumentan en intensidad.[8] A veces, el corazón errabundo vuelve a su lugar y la unidad con Dios se reanuda instantáneamente. Las ideas «manan desde el subconsciente, como de un manantial escondido. Dios está tan cerca en ese momento que no solo vive alrededor de nosotros sino por todo nosotros».[9] Anhelamos la vida en el más allá con Dios, mientras tanto, podemos gustar y ver que el Señor es bueno.

Mi conocimiento sigue evolucionando en lo que significa disfrutar de la presencia de Dios. Al caminar en su peregrinaje con Dios, me gustaría saber de usted. Escríbame y comuníqueme lo que está aprendiendo.

Jan Johnson
c/o NavPress Editorial
P.O. Box 35001
Colorado Springs, CO 80935, EE.UU.

Notas

Capítulo uno: Demasiado esfuerzo

1. Elaine M. Prevallet, S.L., «Dancing around de Kingdon: Notes from an Occasional Journal», *Weavings* 10, nº 1, enero-febrero, 1995, p. 32.
2. Oswald Chambers, *Mi todo para Dios*, Editorial Betania, Miami, FL, 1991 (p. 40 del original en inglés).
3. Tomás de Kempis, *Imitación de Cristo* (p. 52 del original en inglés).
4. Hermano Lawrence, *La práctica de la presencia de Dios*, Clie, Ft. Lauderdale, FL (p. 9 del original en inglés).
5. *Ibid.* (pp. 8-9 del original en inglés, edición Revell).
6. *Ibid.* (p. 8 del original en inglés, edición Revell).
7. Roberta Bondi, «The Paradox of Prayer», *Weavings* 4, nº 2, marzo-abril de 1989, p. 7.
8. Hermano Lawrence, *op. cit.*, p. 18.
9. Frank Laubach, *Man of Prayer*, The Heritage Collection, Laubach Literacy International, Syracuse, NY, 1990, p. 26.

Capítulo dos: La presencia de Dios en práctica

1. Martín Lutero, *Charlas de sobremesa* (p. 29 del original en inglés).
2. Hermano Lawrence, *op. cit.* (p. 18 del original en inglés, edición Revell).
3. Richard Foster, *Alabanza a la disciplina*, Editorial Betania, Miami, FL, 1986, p. 47.
4. Jean Nicholas Grou, *Manual for Interior Souls*, p. 264, según cita Douglas Steere en Hermano Lawrence, *op. cit.*, p. 8.

5. Hermano Lawrence, *op. cit.* (p. 7 del original en inglés, edición Upper Room).
6. Paráfrasis de ideas de John Piper, *Desiring God*, Multonomah, Portland, OR, 1986, p. 41.
7. Oswald Chambers, *Mi todo para Dios*, una edición actualizada de *Today's Language*, ed. James Reimann, Oswald Chambers Publications, artículo publicado el 16 de septiembre de 1992.
8. Jean Nicholas Grou, *Renovare Devotional Readings*, ed. James B. Smith, vol. I, nº 5, Renovare, Wichita, KS, 1992, p. 2, énfasis añadido.
9. San Agustín, según se menciona en Grou, *op. cit.*, p. 2.
10. Teófanes el Recluso, *The Art of Prayer: An Orthodox Anthology*, ed. Timothy Ware, Faber & Faber, Londres, 1966, p. 110, según se cita en Henri Nouwen, *The Way of the Heart*, Harper-SanFrancisco, San Francisco, 1991, 234.
11. Frank Laubach, *op. cit.*, p. 234.

Capítulo tres: Pensar en usted se vuelve orar por usted

1. Thomas Kelly, *A Testament of Devotion*, Walker and Company, New York, 1987, p. 59.
2. Elizabeth Goudge, *The Scent of Water*, McCann Publishers, Coward, New York, 1963, pp. 115, 119.
3. James Houston, *The Transforming Friendship*, Lion Publishing, Oxford, Inglaterra, 1990, p. 234. Edición estadounidense disponible de NavPress, 1996.
4. Martín Lutero, *op. cit.*, p. 53.

Capítulo cuatro: Hablar con usted significa orar por usted

1. Frank Laubach, *op. cit.*, p. 45.
2. *Ibid.*, p. 240.
3. Oswald Chambers, *Mi todo para Dios*, una edición actualizada de *Today's Language*, ed. James Reimann, Oswald Chambers Publications, artículo publicado el 17 de octubre de 1992.
4. Richard Foster, *Freedom of Simplicity*, Harper and Row, San Francisco, 1981, p. 84, énfasis añadido.
5. *Eerdman's Book of Famous Prayers*, ed. Verónica Zundel, Eerdmans, 1983, p. 99.

Capítulo cinco: Entretejamos oración con actividad

1. Thomas Kelly, *op. cit.*, p. 54.
2. Hermano Lawrence, *op. cit.* (pp. 27-28 del original en inglés, edición Upper Room).
3. Javonda Barnes, *A Call to Prayer*, ed. David Butts, Standard, Cincinnati, 1994, p. 84.
4. Tilden Edwards, *Living in the Presence: Disciplines of the Spiritual Heart*, Harper and Row, San Francisco, 1984. pp. 97-98.
5. Las sugerencias pueden encontrarlas en Ernest Boyer, Jr., *Finding God at Home*, Harper and Row, San Francisco, 1984, pp. 97-98.
6. Hermano Lawrence, *op. cit.* (p. 120 del original en inglés).
7. Frank Laubach, *op. cit.*, p. 239.

Capítulo seis: Orar sin palabras

1. Elaine M. Prevallet, S.L., «Through an Autumn Lens», *Weavings*, vol. 5, nº 3, mayo-junio de 1991, p. 23.
2. Hermano Lawrence, *op. cit.* (p. 35 del original en inglés, edición Revell).
3. Jean Vanier, *Community and Growth*, Paulist, New York, 1979, p. 194, según se cita en *Weavings* 8, nº 1, enero-febrero de 1993, p. 5.
4. Dallas Willard, *The Spirit of the Disciplines*, Harper and Row, San Francisco, 1988, pp. 30,75.
5. *Ibid.*, p. 86

Capítulo siete: Fijémonos en lo que tenemos delante

1. Frank Laubach, *Letters of a Modern Mystic*, New Readers Press, según se cita en *Renovare Devotional Readings*, ed. James B. Smith, vol. I, nº 9, Renovare, Wichita, KS, 1992, p. 1.
2. John Baillie, *A Diary of Private Prayer*, Collier, New York, 1977, p. 61.
3. *Ibid.*, p. 33.
4. Annie Dillard, *Pilgrim at Tinker Creek*, Harper's Magazine Press, New York, 1974, p. 54.
5. *Ibid.*, p. 30.
6. Frank C. Laubach, *Channels of Spiritual Power*, Revell, Westwood, NJ, 1954, p. 96.

7. *Eerdman's Book Of Famous Prayers*, ed. Verónica Zundel, Eerdmans, 1983, p. 106.

Capítulo ocho: Cómo hallar a Dios en momentos de irritación

1. Roberta Bondi, «Frienship with God», *Weavings* 7, nº 3, mayo-junio de 1992, p. 9.

Capítulo nueve: Amar a Dios en momentos de angustia

1. Susan Howatch, *Glittering Images*, Fawcet Columbine, New York, 1987, pp. 145-146.

Capítulo diez: Disfrutar a Dios en los grandes momentos

1. Margaret Guenther, *Holy Listening*, Cowley Publications, Cambridge, MA, 1992, p. 20.
2. Frederick Buechner, *Listening to Your Life*, Harper-SanFrancisco, San Francisco, 1992, pp. 211-212.
3. Hermano Lawrence, *op. cit.* (pp. 28-29 del original en inglés, edición Revell).
4. Donald G. Bloesch, *The Struggle of Prayer*, según se cita en *A Guide to Prayer*, ed. Rueben P. Job y Norman Shawchuck, Upper Room, Nashville, 1983, p. 108.
5. Eugene Peterson, *The Message: Psalms*, NavPress, Colorado Spring, CO, 1994, p. 10.
6. Hermano Lawrence, *op. cit.* (p. 31 del original en inglés, edición Upper Room).
7. Elizabeth J. Canham, «Sing a New Song», *Weavings* 4, nº 4, julio-agosto, 1989, p. 20.
8. Norvene Vest, «The Remembrance of God», *Weavings* 10, nº 3, mayo-junio de 1995, p. 39.
9. John Baillie, *op. cit.*, p. 9.
10. *Ibid.*, p. 21.

Capítulo once: Preguntas a Dios

1. Frank Laubach, *Man of Prayer*, The Heritage Collection, Laubach Literacy International, Syracuse, NY, 1990, p. 245.
2. Madeleine L'Engle, *A Ring of Endless Light*, Straus and Giroux, Farrar, New York, 1980, p. 289.
3. Frank C. Laubach, *Channels of Spiritual Power*, Revell, Westwood, NJ, 1954, p. 97.

4. Dallas Willard, *In Search of Guidance: Developing a Conversational Relationship with God*, Harper-SanFrancisco, San Francisco, 1993, p. 235.
5. John Baillie, *op. cit.*, p. 73.

Capítulo doce: Soñar los sueños de Dios

1. Marshall Borromhall, *Hudson Taylor: The Man Who Believed God*, R. and R. Clark, Edinburgh, 1929, p. 166.
2. *Ibid.*, pp. 84-85,126.
3. Frank Laubach, *Man of Prayer*, The Heritage Collection, Laubach Literacy International, Syracuse, NY, 1990, p. 22.
4. Thomas Kelly, *op. cit.*, pp. 149-150, énfasis añadido.
5. Franklin Graham con Jeanette Lockerbie, *Bob Pierce: This One Thing I Do*, Word, Waco, TX, 1983, p. 77.
6. Richard Foster, *Alabanza a la disciplina*, Editorial Betania, Miami, FL, 1986, p. 53.
7. Amy Carmichael, «Think Through Me», *Eerdman's Book of Famous Prayers*, ed. Verónica Zundel, Eerdmans, Gran Rapids, 1983, p. 69.

Capítulo trece: Escuchar a Dios

1. Thomas Kelly, *op. cit.*, p. 159.
2. A.W. Tozer, *La búsqueda de Dios*, Christian Publications, Camp Hill, PA, 1982 (pp. 81-82 del original en inglés).
3. Dallas Willard, *In Search of Guidance: Developing a Conversational Relationship with God*, Harper-SanFrancisco, San Francisco, 1993, pp. 110-111.
4. Susan Howatch, *Ultimate Prizes*, Knopf, New York, 1989, p. 237.
5. Willard, p. 104.
6. John Powell, *He Touched Me*, Argus Communications, Niles, IL, 1974, p. 74.
7. Linda Wagner, «Learning to Listen to God», *Discipleship Journal* 73, 1992, p. 52.
8. *Ibid.*, p. 52.
9. Willard, *op. cit.*, pp. 113-115.
10. Wagner, *op. cit.*, 53.
11. Willard, *op. cit.*, p. 108.

12. Martha Thatcher, «Hearing God's Voice», *Discipleship Journal* 37, 1987, p. 45.
13. E. Glenn Hinson, «Making the Most of the Time», *Weavings* 6, nº 1, enero-febrero de 1991, p. 43.

Capítulo catorce: Presentes para otros

1. Eugene Peterson, *The Contemplative Pastor* Eerdmans, Grand Rapids, 1989, p. 43.
2. Henri Nouwen, *op. cit.*, p. 63.
3. Richard Foster, *Freedom of Simplicity*, Harper and Row, San Francisco, 1981, p. 84.
4. Gerrit S. Dawson, «Feast in the Desert and Other Unlikely Places», *Weavings* 9, nº 1, enero-febrero de 1994, p. 33.

Capítulo quince: Quitemos las piedras del camino

1. Susan Howatch, *Absolute Truths*, Knopf, New York, 1995, p. 169.
2. Dallas Willard, *In Search of Guidance: Developing a Conversational Relationship with God*, Harper-SanFrancisco, San Francisco, 1993, p. 92.
3. A.W. Tozer, *op. cit.*, p. 45.
4. John Baillie, *op. cit.*, p. 75.

Capítulo dieciséis: Nuestros mayores temores en cuanto a Dios

1. C.S. Lewis, *La última batalla*, Editorial Caribe, Miami, FL, 1982, p. 16.
2. C.S. Lewis, *El león, la bruja y el guardarropa*, Editorial Caribe, Miami, FL, 1977, p. 72.

Capítulo diecisiete: Cuando creemos que Dios nos ama

1. Henri Nouwen, «Forgiveness: The Name of Love in a Wounded World», *Weavings* 7, nº 2, marzo-abril de 1992, pp. 8-9. Estas ideas se desarrollan más en detalles en el libro de Nouwen, *The Life of the Beloved*, Crossroad, New York, 1992.
2. A.W. Tozer, *op. cit.*, p. 64.
3. Curt Grayson y Jan Johnson, *Healing Hurts That Sabotage the Soul*, Victor Books, Wheaton, IL, 1995, p. 183.

Capítulo dieciocho: Un nuevo «devocional»

1. Separata de *Just for a Moment, I Saw the Light*, de John Duckworth, Victor Books, SP Publications, Inc., Wheaton, IL, 1994, pp. 198-202.
2. Dallas Willard, *The Spirit of the Disciplines*, Harper and Row, San Francisco, 1988, pp. 3-4.
3. Henri Nouwen, *The Way of the Heart*, Harper-SanFrancisco, San Francisco, 1991, p. 37.
4. Richard Foster, *Alabanza a la disciplina*, Editorial Betania, Miami, FL, 1986, pp. 40-41.
5. Hermano Lawrence, *op. cit.* (p. 31 del original en inglés, edición Revell).
6. Jack R. Taylor, *The Hallelujah Factor*, Broadman, Nashville, 1983, pp. 24-25.
7. Evelyn Underhill, *Renovare Devotional Readings*, ed. James B. Smith, vol. I, nº 15, Renovare, Wichita, KS, 1990, p. 2.
8. Hermano Lawrence, *op. cit.* (pp. 36-37 del original en inglés).

Epílogo: Qué esperar del peregrinaje

1. Hermano Lawrence, *op. cit.* (p. 34 del original en inglés, edición Revell).
2. Frank Laubach, *op. cit.*, p. 240.
3. Jean Nicholas Grou, *op. cit.*, pp. 1-2.
4. Hermano Lawrence, *op. cit.*, p. 17.
5. Richard Foster, *Prayer: Finding the Heart's True Home*, Harper-SanFrancisco, San Francisco, 1992, p. 128.
6. Laubach, *op. cit.*, p. 250.
7. Tilden Edwards, *Living in the Presence: Disciplines of the Spiritual Heart*, Harper and Row, San Francisco, 1987, p. ix, citando a Dom John Chapman sin mencionar el lugar.
8. Frank C. Laubach, *Channels of Spiritual Power*, Revell, Westwood, NJ, 1954, pp. 96-97.
9. *Ibid.*, p. 97.